日本の保険市場

小藤康夫 著

八千代出版

はじめに

わが国の保険会社は他の業種に比べて変化が少なかったように思える。それを象徴するのが業界のランキングである。生保も損保も収入保険料で第1位の保険会社は長い間にわたって変わらず、しかもガリバー型とも呼ばれるほど揺るぎない構造を保っていた。

ところが、最近では著しいほどの変貌ぶりを見せている。業界ナンバーワンとして君臨していた保険会社がその地位から転落し、業界内の構造が大きく変わりつつある。それは統合・合併を繰り返すことで、保険会社それ自身の規模を一気に膨らませていったからである。

また主要生保の場合、規模だけでなく会社組織の変化も起きている。従来の相互会社組織の生保から株式会社組織に転換する生保も現れている。損保は株式会社組織の運営が貫かれているが、生保は相互扶助の精神を理念とすることから、主要生保を中心に相互会社組織の形態を取っていた。今では一部の主要生保が、株式会社化に踏み出すだけでなく上場も果たしている。

こうした保険業界の構造変化は、国内市場の閉塞感に起因しているように思える。日本経済がデフレに悩まされるなか、保険会社の売上に相当する収入保険料は伸び悩んでいる。困難な局面を打ち破るための動きが業界ランキングの変動や生保の株式会社化に現れているのである。

このような動きは、保険会社が効率的な経営を目指すうえで好ましい展開である。だが、日本経済が低迷を続ける限り、いずれ保険会社の経営努力も限界に達するであろう。グローバル化はそうした厳しい事態から抜け出るための賢明な方策であり、当然の動きと思われる。

ただ、海外進出は高いリターンが期待できるが、新たなリスクも伴う。そのため、今まで以上に高度なリスク管理が要求される。また、株式会社で上場している保険会社ならば、株価の動きにも敏感でなければならない。株価は経営上の変化を絶えず反映する性格を持っているからである。

このように保険会社を取り巻く環境は大いに変化している。本書では保険市場の現状を探りながら、保険株とグローバル化に注目している。保険会社には複雑な問題が起きているが、株価分析を通じれば理解しやすい。またグローバル化を促す要因を、国内市場の低迷現象だけでなくその他の要因にも求めていくと、保険会社の将来の姿も明確に見えてくる。

アプローチとして簡単なモデルを作成し、そのうえで各章のテーマを検討するスタイルを取っている。細かな条件が割愛されるため本質が見極めやすいうえ、基本的な条件が変更された場合の効果も明らかになる。

また作成したモデルを実証分析に活用できるメリットもある。多くの章では、回帰分析を中心とした計測式から内容の確認が行われている。複雑な保険に関わる現象も、モデルと計測によって単純明快な結果が得られるようにまとめられている。

保険会社を取り巻く環境は年々厳しさを増しているように感じる。戦後の長きにわたって順風満帆な経営を続けてきたが、収入保険料の伸び悩みだけでなく保険会社が破綻する危機にも直面した。

このことは保険会社が大きな転換期に差し掛かっているのではないかと思われる。大きな山を描いた後に、さらに大きな山に乗り移る段階に達しているように感じる。

まさに今日の保険会社は時代の転換点に立っているといえる。過去の山をひたすら歩き続ければ下っていくことになる。そうならないためには新しい山に飛び移らなければならない。その山を歩けば一層高い位置に立つことができる。

本書はそうした保険会社が新しい領域に踏み込む過渡期の問題を扱っている。それゆえ、多くの読者にとって興味深いテーマと思われる。是非、丁寧に読んで頂ければ幸いである。

2016年2月

小藤康夫

目　　次

第2部　保険会社の株価分析

第3部　保険会社のグローバル化

第１部

日本と世界の保険市場

第1章

日本の保険市場

第1節　変貌する保険市場

日本の保険市場は大きく変貌しつつある。毎年のように保険料収入を増やしていた過去の時代と違い、今日の保険市場は確実に縮小化の方向に進んでいる。転機となったのは1990年代後半以降であり、その時期を境に勢いを失っている。

それは、日本がデフレ経済に陥るなかで保険市場もその影響をもろに受けたためである。もちろん、マクロ経済が低迷すればケインズ政策に代表されるような大胆な経済政策を打ち出すことで、景気は回復に向かうと思われるかもしれない。

ところが、日本経済の低迷は深刻な人口減少という構造的な問題に起因している。人口が増えればある程度の経済成長が期待できるであろう。だが、それを実現する有効な政策が見出せないのが現状である。それゆえ、わが国の人口は減り続け、将来に向けた明るい希望が持てないまま日本経済は低迷状態が依然として続いている。

しかも保険市場にとって厄介なことは人口減少だけでなく、そこから派生する少子高齢化という問題も悪影響を及ぼしている。若年層が大きな割合を占めていた頃とは違い、高齢者の割合が増えれば保険商品のニーズは弱まる傾向にある。

人口減少を背景にしたデフレ経済ならびに少子高齢化という構造問題を抱えた日本市場で営業を展開する限り、保険市場は何もしなければ縮小化に向かって行かざるを得ないであろう。そのため、保険会社は厳しい経営環境を乗り越えるための智慧を出し、実行に移していかなければならない。

そうした困難な局面を打開するひとつの対策として株式会社への移行が挙げられる。損保は従来から株式会社の形態を取っているが、生保は主要生保を中心に相互会社組織であった。だが、最近は株式会社に移行する生保が目立っている。

しかも上場すれば株価が形成され、経営実態が誰の目にも明らかになる。多くの人々から株価を通じて監視された状態にあれば、無駄な経営は許されず、効率的な経営が繰り広げられるであろう。

また、株式会社であれば資金調達の容易さからＭ＆Ａ（合併・買収）が活発になる。このことは保険会社のもうひとつの打開策であるグローバル化の動きにもつながる。最近に至って保険会社は国内市場だけに留まらず、海外事業にも力点を置いている。これで安定した収益が得られるだけでなく持続可能な成長も達成できる。まさにグローバル化は保険市場を活性化させる手法であろう。

このようにわが国の保険会社は厳しい経営環境を打ち破る有効な方策を繰り出している。本書ではこうした保険会社の新しい動きに焦点を当て、３部に分けながら分析を進めていく。

第１部では保険市場の現状を日本と世界に分けてデータから客観的に見ていく。続く第２部では保険会社の株価に注目していく。保険市場の現状を全体の視点から大雑把に捉えることも重要であるが、ミクロの視点から経営の実態を反映する株価の動きにも関心を払う必要があろう。これにより保険会社に関わるさまざまな問題が解明できる。そして第３部では保険会社が新たな局面に突入しつつあるグローバル化について説明される。

以下では３部を構成する各章の内容をコンパクトに要約しながら、日本の保険市場へのアプローチを事前に示しておきたい。これにより本書を読むうえで理解が一層深まるであろう。

第２節　本書の要旨

(1) 日本と世界の保険市場

まず**第１部**では、マクロ経済の視点から保険市場の特徴を捉えていく。一国の経済活動を示すマクロ経済指標が保険市場に対してどのような影響を及ぼしているかを、日本と世界に分けながら分析していく。

「**第２章　収入保険料から見た保険市場の普及状況**」は日本の保険市場を扱っている。わが国の保険市場は縮小傾向に陥っているが、最大の要因として国内経済の低迷が挙げられる。過去の成長経済の頃と違い、国内総生産(GDP) の伸び悩みが収入保険料の低迷に直接繋がっている。

日本経済にかつてのような成長が外部要因として期待できない限り、今後の動向を占ううえで内部要因として保険市場の普及状況に注目せざるを得ない。保険市場は飽和状態に達してしまったのであろうか、それとも発展の余地が残されているのであろうか。そこで、保険普及度を生損保に分けて計測したところ、業態によって異なった結果が得られた。

それでも、国内経済が成長しないもとでは生損保ともじり貧状態から抜け出すのは難しいであろう。そのため、抜本的な解決策としてグローバル化の展開が示唆される。

「**第３章　世界の保険市場とマクロ経済指標**」は世界の国々の保険市場に目を向けながら、各国のマクロ経済指標との関係に注目している。保険密度と保険普及度という２つの保険指標を求め、マクロ経済指標である国民１人当たり GDP ならびにインフレ率との関係を見出していく。

保険会社は自らの経営努力から保険市場を拡大させていかなければならない。だが、保険市場は外部要因である自国の経済環境に影響を受けやすいため、経営上の制約も感じられる。それゆえ、保険市場とマクロ経済の関係を把握することが必要である。

(2) 保険会社の株価分析

次に**第2部**では、主として保険株に注目しながら保険会社にかかわる諸問題を解明していく。わが国では上場保険会社が少ないせいか、株価分析がいままであまり行われてこなかった。それゆえ、ここでは主要保険会社の株価を用いて最近の保険経営に触れていく。

「**第4章　保険の販売手数料をめぐる理論分析**」は保険ショップと呼ばれる乗合代理店について扱っている。収入保険料が全体的に低迷するなかで、新しい販売チャネルである乗合代理店の出現は保険市場を活性化させる材料になっている。

ところが、好調な乗合代理店で販売手法をめぐる問題が取り沙汰されている。それは顧客の意向に沿った保険商品を勧めるのではなく、販売手数料の高い保険商品を推奨しているのではないかという批判である。

販売手数料さえ公表すれば問題が解消できそうに見えるが、現状では非公開のままである。そこで、保険の販売手数料をめぐる議論を理論的に整理しながら、これからのあり方を模索している。販売チャネルにかかわる問題は重要であり、正しい理解が得られればわが国の保険市場を浮上させるきっかけにもなるであろう。

「**第5章　生保の株価と金利感応度の関係**」は上場生保の2社を対象にしながら、資産負債総合管理と金利変動リスクの関係について計量分析を行っている。生保破綻につながる逆ざや問題を解消するうえで関心の高いテーマである。

わが国の生保は国債を大量に買い続け、今日では保有資産のなかで一番大きな割合を占めている。国債は安全確実な利息収入が得られるほかに、資産負債総合管理の有効な手段としても活用できる。これにより金利変動の影響を受けにくい体制を構築している。

通常の重回帰分析からも同じような結果が得られるが、ここでは最近の金融機関の株価分析で利用されるGARCHモデルを援用しながら、生保株価が金利変動の影響を受けにくい体質に変化していることを見出している。

「**第6章　保険会社の経営行動とケータリング理論**」はわが国の上場保険会社を対象にした分析を試みている。保険会社が株価を釣り上げるための短期的な手段として収入保険料の拡大を目指しているか否かを検証している。

米国の企業は株式投資家の機運に迎合するかのような経営が展開されている。この現象はケータリング理論として扱われ、行動ファイナンスのひとつの研究領域として展開されている。この理論が保険会社にも当てはまれば本来の経営理念から遠ざかるばかりか、多くのリスクを抱え込む恐れも生じる。

また理論を支える経営環境としてストックオプションの浸透にも注目している。日米間でケータリング理論の妥当性に相違が見られるならば、ストックオプションの普及度がその理由として見出されることにも触れていく。

「**第7章　東日本大震災と堅固な地震保険制度**」はイベントスタディの手法を駆使しながら、大地震による保険会社への影響を探っている。千年に一度と言われる大地震が2011年3月11日に突如として発生し、巨額の保険金支払が求められたが、わが国の地震保険は十分に吸収できる体制を整えていた。

本来ならば損保株は一時的に変動してもある時間が経過すれば元の水準に戻るはずだ。ところが、株価は下落したままの状態を維持し、堅固な地震保険制度と矛盾した結果が生じている。この問題を解明するため保有有価証券の価値下落に注目するとともに、地震保険制度をイベントスタディから分析する場合の留意点も指摘している。

「**第8章　損保金融と生保金融の比較**」は第7章の流れを受け、保険会社の資産運用について整理している。同じ保険会社でも損保と生保では資金量の大きさだけでなく、資産運用の中身も違っている。一般に保険資金の特性として損保の短期・流動性に対して、生保の長期・固定性が指摘される。

東日本大震災が発生したとき、損保も生保も保有有価証券の価値が大幅に下落したために、それぞれの株価も下げに転じた。その際、損保よりも生保のほうが下落率が大きかった。それは損保の資産運用が短期の性格を有しているのに対して、生保のそれは長期なためである。

突発的な出来事が発生した場合、巨額の保険金支払が損保経営を直撃すると考えがちだが、実際は保有有価証券に甚大な影響を及ぼしているにすぎない。そう考えれば大地震等は損保だけでなく、生保にもかなりの影響をもたらす。このことは保険株の分析を通じて得られた結論である。

(3) 保険会社のグローバル化

最後の**第3部**では、保険会社が本業のほかに海外事業などに向かって積極的に進出する理由を理論モデルから見出していく。章ごとに異なったモデルを展開しているが、基本的には保険会社がリスクとリターンに注目しながら合理的な行動を取ることを前提としている。

「**第9章　損保ERMの分析フレームワーク**」は損保が取り組む健全性と収益性の関係をリスクとリターンから導き出している。単に狭義のリスク管理に留まらず、最終的に企業価値の最大化を目指す理論的枠組みが提示される。

とりわけ巨額の保険引受リスクを請け負う損保はリスクとリターンに留意しながら、会社全体の収益性と健全性の確保に努めなければならない。そうした関係を体系的に描くことで、損保の取組み姿勢が把握できる。

損保が危険回避の度合を低めた経営を展開しているのか、それともリターンの拡大を目指した経営に転換したのか。そうした興味深い問題がERMの分析フレームワークから解明されていく。

「**第10章　メガ損保グループの事業ポートフォリオ戦略**」は今日の主要損保が繰り広げる損保事業、生保事業、海外事業の3事業に注目している。本業の損保事業を中核に据えながらも生保事業にも意欲的であり、最近では海外事業への進出が著しい。

3メガ損保の取組みを観察しながら、単純な資産選択理論から事業ポートフォリオ・モデルを作成し、3事業の構成割合がどのような条件から変わっていくかを数値例を通じて調べていく。

各事業から生み出されるリターンとリスクが事業ポートフォリオを決定づけるうえで重要な要因であるが、そのほかに危険回避の度合を示すリスクアペタイトの変更にも注目する。とりわけ外国人株主を背景にした積極的な姿勢は海外事業の方向性を決定づける要因になることを強調する。

「**第11章　保険会社のグローバル化**」は保険会社が積極的に海外市場に進出する経済的背景を追っている。グローバル化はわが国の少子高齢化現象が直接の引き金になっていることは明らかである。だが、ここでは国内市場の直接的な要因だけでなく、海外事業に向かわせる間接的な要因にも目を向けている。

それはERM経営の浸透と外国人株主の増大である。ERM経営の手法が伝わらなければリスクだけでなくリターンも正確に認識できないために、いつまでも国内事業に専念したかもしれない。またROEの拡大を求める外国人株主が増えたことで、リスクを伴いながらも高いリターンが期待できる海外事業に進出したものと思われる。

具体的なアプローチとして一般化されたERM経営の理論モデルを作成し、国内事業だけに留まる場合、保険業務の継続が難しくなることを示す。そうした事態を打開するための有効な手段が海外事業への進出であることを明らかにする。

以上のようにわが国の保険市場についてさまざまな角度から検討される。保険市場といっても生保と損保では根本的に異なるところがある。それを強引に保険市場としてひとつにまとめることに無理があるように感じるかもしれない。しかし、ここでは生損保の共通した特徴を捉えながら分析が進められている。

また読み進めるにつれて保険会社が進むべき方向性が明らかにされるように書かれている。だが、必ずしも各章が直接関連づけられているわけでもない。多少、独立した形で書かれている章もある。

それゆえ、関心のある章だけを抜き出して読むこともできるようになっている。読者の好みに応じて読破して頂きたいと思う。

第2章
収入保険料から見た保険市場の普及状況

第1節　日本経済と保険市場

戦後におけるわが国の保険市場は、日本経済の成長に伴いながら拡大し続けてきた。1950年代後半から70年代前半の高度成長期はいうまでもなく、その後の70年代後半から80年代前半の安定成長期ならびに80年代後半のバブル期においても、わが国の保険市場は規模を確実に膨らませていった。

日本経済が成長する限り、多くの産業がそれとともに自然に拡大していくであろう。それゆえ、わが国の保険市場も日本経済の歩みに沿って成長してきた。

ところが、1990年代突入直後にバブルが崩壊し、日本経済が大きな転換を見せるようになった。いままでインフレを背景に順風満帆な発展を遂げてきた日本経済は突如として、株価や地価の暴落だけでなく、物価水準も下落する深刻なデフレ経済に迷い込んでしまった。そのため、わが国の経済は長期にわたって低迷状態に陥ってしまった。

保険市場も日本経済の緩慢な動きに合わせるかのように、過去に比較すれば目立つような成長が見られなくなった。しかもバブル崩壊による逆境下の経済環境だけでなく、少子高齢化という構造的要因が重くのしかかるようになった。それは出生率の低下や平均寿命の伸びに起因する現象であり、経済政策ではなかなかコントロールしにくい問題でもある。

図表2-1　GDPと全生損保・収入保険料の推移

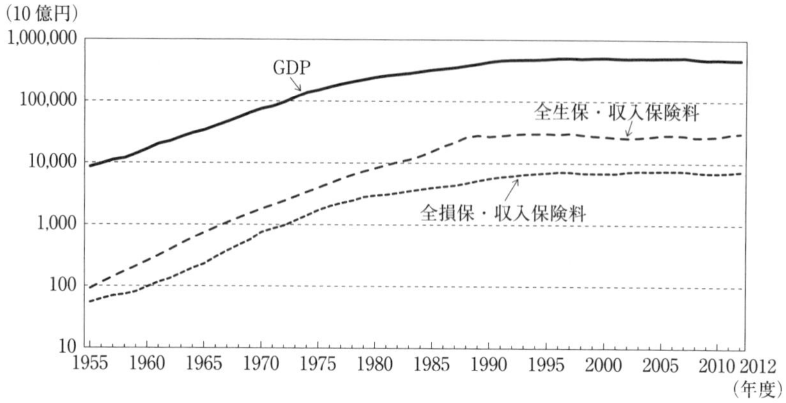

（注）生命保険協会、日本損害保険協会、内閣府の資料より作成。ただし、生保・収入保険料はかんぽ生命を除く。

図表2-1は1955年度から2012年度までの58年間を対象にしながら、わが国のGDP（国内総生産）と全生損保会社を対象にした収入保険料の動きを追ったものである。この図を眺めても、保険市場はGDPの動きに影響を受けていることがわかる。

したがって、日本経済が成長段階から成熟段階に達し、かつての勢いを取り戻せない限り、保険市場もこれ以上の成長が望めないように見える。確かにマクロ経済環境が好転しない限り、わが国の保険市場は成長が難しいであろう。

だが、保険市場が完全な飽和状態でなければ、GDPの動きに関わりなく成長の余地が残されていることになる。たとえGDPが増えなくても保険の果たす役割が人々の間で十分に認識されれば、保険への加入がさらに進むであろう。そうすれば収入保険料は着実に増えていく。

日本経済が成熟するにつれて経済活動も複雑になり、新たなリスクも発生する。また、リスクの規模も膨らんでいくであろう。その場合、リスクを吸収する適切な手段として保険のニーズが自ずと高まっていくと考えられる。

保険関係者にとって最大の関心事は保険市場の今後の動きと思われる。保険市場は依然として成長が期待できる発展途上の段階にあるのか、それとも成熟段階に達し、飽和状態に突入したのであろうか。この問題に答えるにはGDPの動きだけに注目するのではなく、保険の普及状況を直接探る必要がある。

そのアプローチとしてさまざまな手法が考えられるが、本章では収入保険料の決定メカニズムを通じて保険の普及状況を見ていくことにしたい。これによりわが国の保険市場がどのような段階に到達しているかが推測できるであろう。

第2節　収入保険料の決定理論

(1) 保険の基本原則

まず、保険の基本原則に基づきながら収入保険料の決定メカニズムを展開することにしよう。生保であれ損保であれ、保険会社である限り、収入保険料は支払額に相当する保険金の数学的期待値と事業を運営していくうえで必要な費用の合計に等しくなければならない。

このことを式で表すと、次のようになる。

$$R = P \cdot \beta Y + \alpha \cdot \beta Y$$
$$= (P + \alpha)\beta Y$$

（記号）R＝収入保険料　　P＝純保険料率
　　　　α＝付加保険料率　　β＝付保割合
　　　　Y＝GDP

この式の左辺はわが国に存在する全保険会社の売上に相当する収入保険料であり、右辺はそこから流出する支払保険金ならびに関連する費用の総額である。流入資金と流出資金が一致するのが保険の基本原則であるため、この式は必ず成立しなければならない。

左辺の収入保険料は説明するまでもないが、流出資金を表す右辺についてはある程度の説明が必要であろう。右辺のβYは保険会社による保障額であり、わが国の所得水準に対して保険がどれだけカバーするかを示している。

βは付保割合であり、保険による保障の度合を表している。国内において保険の役割が十分に浸透するにつれて、この数値は上昇する。したがって、βは保険普及度を決定づける直接的な要因になっている。

この保障額に相当するβYに対して純保険料率Pを掛けたものが支払保険金（$P\cdot\beta Y$）である。さらに保険業務を遂行するうえでさまざまな費用が掛かる。そのための費用が付加保険料として徴収されるため、それは保障額βYに付加保険料率αを掛けた金額（$\alpha\cdot\beta Y$）で表される。

したがって支払保険金と費用の合計額は（$(P+\alpha)\beta Y$）となる。なお、$(P+\alpha)$は純保険料率と付加保険料率を加えたものであり、全体の保険料率と呼べる。

(2) 収入保険料の決定メカニズム

保険の基本原則が明らかになったところで、今度は収入保険料の決定メカニズムを図示することにしよう。図表2-2(1) はそのために描かれたものである。

この図の**第A象限**はGDPに対する保険会社の保障額が示されている。GDPが増えるにつれて保障額も増えていく関係が傾きβの直線で表されている。それに対して**第B象限**は保障額に対する収入保険料の関係が傾き$(P+\alpha)$の直線で示されている。

第C象限は45°線であり、横軸の収入保険料をそのまま鏡のようにそのまま縦軸に映し出しているにすぎない。これにより**第D象限**においてGDPと収入保険料の関係が示される。

図表 2-2(1)　収入保険料の決定メカニズム—GDP の影響—

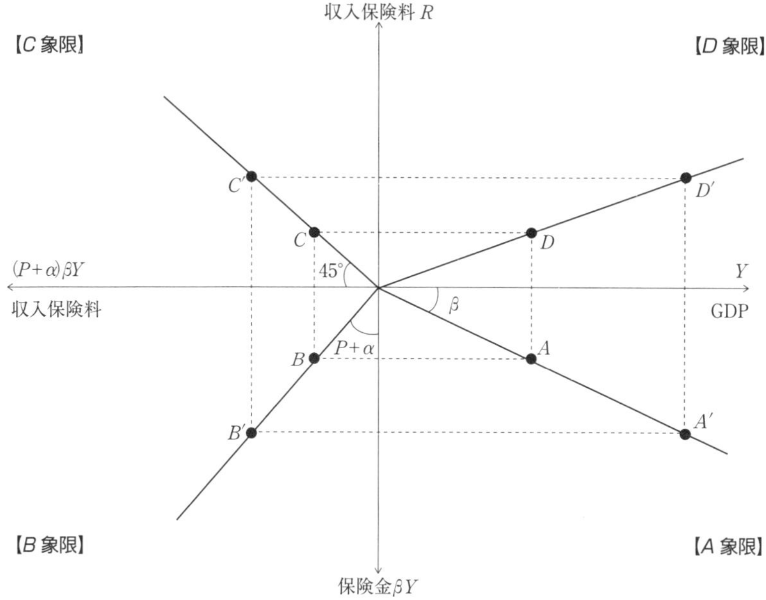

例えば、初期の GDP に対して保障額ならびに収入保険料はそれぞれ A 点、B 点、C 点、D 点で囲まれた点線の四角形で対応づけられている。そこに GDP が増大すると、新たに設けられた A′点、B′点、C′点、D′点で囲まれた点線の四角形に沿ったところに保障額ならびに収入保険料が決定づけられる。

2 つの四角形を比較すればわかるように GDP が増えると、保障額とともに収入保険料も増えていく。わが国の経済が成長段階を確実に歩んでいた頃はまさにこの図の状況に相当する。生保も損保も収入保険料が増大傾向にあった。

こうして収入保険料が GDP の動きに依存することが明らかになったので、次に付保割合ならびに保険料率が変化した場合の効果について見ていくことにしよう。図表 2-2(2) はそのために描かれたものである。

この図の**第 A 象限**では付保割合 β が上昇した場合の GDP に対する保障額

図表 2-2(2)　収入保険料の決定メカニズム―付保割合と保険料率の影響―

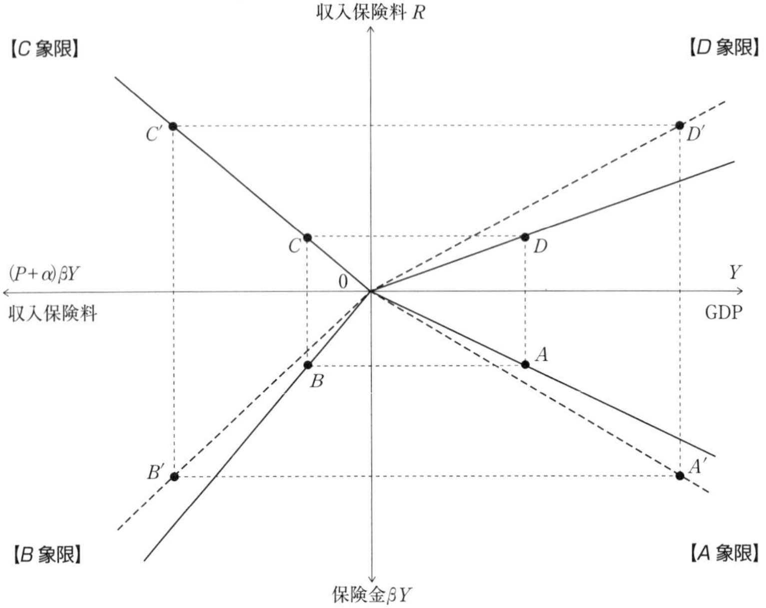

が示されている。両者の関係を示す直線が時計回りに回転していることがわかる。同様に**第 *B* 象限**では保険料率（$P+\alpha$）が上昇した場合の保障額と収入保険料が表されている。やはり時計回りに回転している。これにより 45°線の**第 *C* 象限**を通じて**第 *D* 象限**では GDP と収入保険料の関係を示す直線が反時計回りに動いていく。

この場合、増大した GDP に対応する収入保険料は、付保割合そして保険料率が上昇することから以前よりもさらに拡大している。そのことは初期条件が与えられた場合の A 点、B 点、C 点、D 点で囲まれた点線の四角形と、条件が変化した場合の A′点、B′点、C′点、D′点で囲まれた点線の四角形を比較することからもわかるであろう。

したがって、収入保険料は GDP だけでなく、付保割合や保険料率によっても影響を受ける。付保割合や保険料率の動きは、GDP に比べればそれほど大きくないが、着実に収入保険料を増やす効果を持っている。

第3節　保険市場の普及状況

(1) 保険の所得効果と浸透効果

収入保険料がGDPだけでなく、付保割合や保険料率によっても決定づけられることが保険の基本原則から導き出された。続いてそのことに留意しながら図表2-3から保険の普及状況の捉え方について説明していきたい。この図は先ほどの図表2-2(2)から第D象限だけを取り出したものである。

まず、GDPがY_1のとき、収入保険料はD_1点からR_1となる。所得だけが収入保険料に影響を与えているので、収入保険料R_1の部分を「保険の所得効果」と呼ぶことにしよう。この効果がL_1曲線で示されていることからもわかるように、GDPが増えるにつれて収入保険料も増えていく。

この場合、保険市場は拡大傾向にあるといえるが、保険が普及しているとはいえない。所得の増大とともに保障額が増えているだけであり、付保割合や保険料率が上昇しているわけではないからである。保険料収入が増えても

図表2-3　保険の所得効果と浸透効果

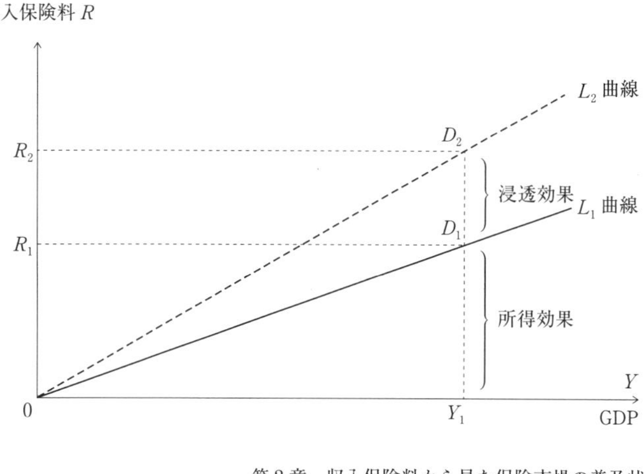

広がりは変わらない状態である。

それに対して付保割合や保険料率が変化すると、保険の普及状況も変化していく。いま、付保割合や保険料率が上昇し、L_1 曲線から L_2 曲線に向かって反時計回りに動いたとしよう。GDP が Y_1 のままであれば、収入保険料は D_2 点から R_2 となる。

所得一定のもとでは保険の役割が人々の間に十分に浸透されない限り、収入保険料の拡大には結びつかない。それゆえ、R_2 と R_1 の差額に相当する部分を「保険の浸透効果」と呼ぶことにしよう。ここではGDPの動きとは独立に収入保険料だけが増えていく。

この効果は付保割合と保険料率の変化を合わせたものであり、このうち付保割合については浸透効果と名づけても自然に受け入れられるであろう。保険に対する理解が浸透すれば保障される割合を増やそうとするからである。

だが、保険料率については若干、違和感があるかもしれない。なぜなら、保険料率は業務を円滑に遂行していくうえで必要な事故確率や諸経費によって決定づけられる部分であるからだ。

そうした矛盾を抱えながらも、長期にわたって観察すれば付加保険料よりも付保割合の変化のほうが収入保険料に対して大きな影響を与えていると思われる。とりわけ、保険市場が拡大傾向にある場合、付保割合の上昇が伴っている。それゆえ、大雑把な取扱い方かもしれないが、2つの要因をひとまとめにして浸透効果と呼んでいる。

こうして保険の所得効果も浸透効果も保険市場の規模そのものを変化させる効果を持つが、このうち保険の普及状況に影響をもたらすのは浸透効果である。

保険の浸透効果が発揮されれば、GDPに対する収入保険料の関係が変化する。それゆえ、保険の普及状況を捉えるにはGDPと収入保険料の関係を示す L_2 曲線の傾きに注目すればよいことがわかる。

例えば、この曲線の傾きが時間の経過とともに上昇していれば保険の浸透効果がプラスに作用し、保険の普及が進んでいると解釈できる。逆に明確な動きが見られなければ保険の普及は低迷し、飽和状態にあると判断できる。

次にこのことを踏まえながら保険の普及状況について実際に見ていくことにしたい。

(2) 保険普及度

いままでの説明からも明らかなように保険の普及状況の変化を探る方法として、以下のような収入保険料の対 GDP 比が挙げられる。GDP に対して収入保険料が浸透効果を通じてどのように変化したかを見た単純な指標であり、保険の普及状況を捉えたものである。それゆえ、ここでは「保険普及度」と呼ぶことにしよう。

保険普及度（%）＝収入保険料÷GDP

図表 2-4 は保険普及度を全生保と全損保に分けながら描いたものである。日本経済が成長するバブル期までは生保も損保もほぼ同じ動きをしているが、

図表 2-4　全生損保・収入保険料の対 GDP 比の推移

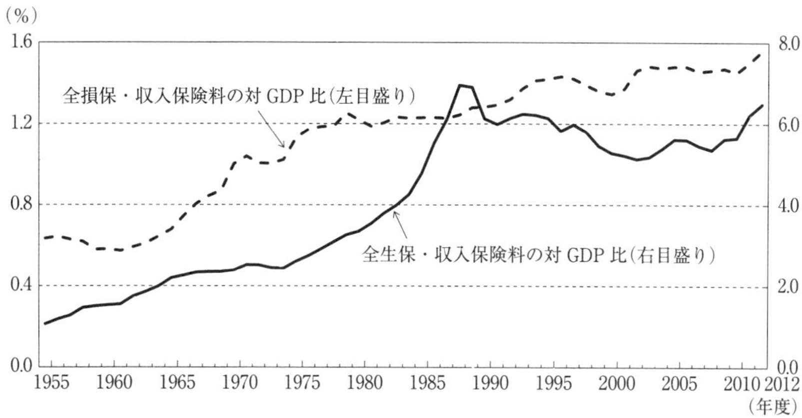

それ以降は両者の間で違いが見られる。生保の普及率はデフレ期に入って低迷しているのに対して、損保は依然として上昇傾向をたどっている。

単純に解釈すれば、生保はほぼ飽和状態にあるのに対して、損保は成長の余地が残されているといえる。生保商品は国内市場においてほぼ普及し伸びが期待できない状態にあり、損保商品は依然として市場が拡大傾向にあると読み取れる。

保険普及度は先ほどの理論的な説明から導き出されたわかりやすい指標であるが、別の角度からもう一度、保険市場の姿を探ってみたい。そのアプローチとは以下のような対数表示の収入保険料（R）と GDP の回帰式を年次データから生保と損保に分けて計測していく方法である。

$$R = a + b \cdot \mathrm{GDP}$$

計測期間は 1955 年度から 2012 年度までを全期間とし、1955 年度から 1989 年度までを前期、そして 1990 年度から 2012 年度までを後期として定めている。つまり、バブル期「以前」とバブル期「以後」の 2 期間に分けて計測する。

この回帰式で注目すべき箇所は GDP の係数 b であり、前期と後期においてどのように変化しているのかを見るのである。図表 2-5 には全生保と全損保に分けながら、各期間ごとの計測結果が整理されている。

生保から見ていくと、全期間を対象にした GDP の係数 b は 1.40 であり、t 値（1%有意）の条件も満たしている。このことから収入保険料が GDP の伸びを上回っている状況が把握できる。

次に 2 つの期間に分けて計測すると、前期は 1.36 であり、t 値の条件も満たしているが、後期は有意な値が得られていない。すなわち、後期における GDP の係数 b はゼロの可能性が排除できない状態にある。

このことから、生保の収入保険料は後期にかけて伸びが見られず、ほぼ飽

図表 2-5　全生損保・収入保険料の計測結果

	全生保・収入保険料			全損保・収入保険料		
	全期間 1955～2012 年度	前期 1955～1989 年度	後期 1990～2012 年度	全期間 1955～2012 年度	前期 1955～1989 年度	後期 1990～2012 年度
定数項 （*t* 値） （1%有意*）	▲8.99 （▲42.50） （*）	▲8.59 （▲27.25） （*）	14.46 （3.08） （*）	▲7.92 （▲80.09） （*）	▲7.85 （▲52.70） （*）	▲11.24 （▲2.81） （*）
GDP （*t* 値） （1%有意*）	1.40 （94.79） （*）	1.36 （59.06） （*）	▲0.12 （▲0.41） （ ）	1.24 （179.88） （*）	1.23 （112.92） （*）	1.45 （5.59） （*）
$adj\text{-}R^2$	0.994	0.990	▲0.039	0.998	0.997	0.58
F 値	8,984.28	3,488.51	0.17	32,358.40	12,750.98	31.26
データ数	58	35	23	58	35	23

（注）▲はマイナスを示す。

和状態に入っていると判断できる。生保商品が人々に普及し、著しい成長が望めない状態に突入していると言える。

一方、損保は生保と違った姿を見せている。損保を対象にした全期間のGDP の係数 b は 1.24 であり、t 値（1%有意）の条件も満たしている。このことについては生保の場合と同じである。しかし、前期と後期の計測結果は違っている。

前期の係数 b は 1.23 であり、後期のそれは 1.45 である。どちらも t 値の条件を満たしている。注目すべきは前期よりも後期のほうが係数の値が大きいことである。これにより、損保の場合は浸透効果が進み、保険普及度が高まっていることがわかる。

以上のことから回帰分析を用いたアプローチを採用しても先ほどと同じ結論が導き出されたことになる。すなわち、普及率の程度は生保と損保では異なり、生保が飽和状態にあるのに対して、損保は拡大傾向にあると解釈できる。

第４節　大手保険グループによる海外戦略

戦後の長きにわたってわが国の保険市場は拡大し続け、それに伴って保険のニーズも多様化するようになった。保険会社はその変化に対して迅速に行動した結果、市場規模で見れば先進諸国のなかでも上位に位置づけられるまでに成長した。

そうした日本の保険市場は今後、さらに拡大するのであろうか。この問題を探るうえで保険の普及状況を捉えることは重要である。本章では保険市場の動きを決定づける要因として保険の所得効果と浸透効果という２つの要因を指摘し、このうち保険の普及状況に影響する要因として浸透効果に注目した。

日本経済が過去のような成長段階にあれば、保険市場もそれに歩調を合わせて成長していく。それは保険の所得効果が作用するからである。ところが、日本経済はバブル崩壊後、長期にわたって成長の兆しが見えにくい状態に陥っている。そのため、保険の所得効果は期待できにくいのが現状である。

したがって、保険の浸透効果について関心を持たざるを得ない。そこで、保険会社を生保と損保に分けて浸透効果を分析したところ、生保についてはバブル崩壊後において確認できなかったが、損保は明確な形で見出されただけでなく、強まる傾向にあることもわかった。

これにより保険市場の普及状況についてある程度把握できたように思われる。浸透効果が発揮できない生保市場は普及状況に改善が見られず、市場規模の拡大が難しいであろう。それに対して依然として浸透効果が高まる傾向にある損保市場はさらに拡大の余地が残されていると考えられる。

そうしたなかで今日の大手保険グループは生保も損保もグローバル化を推し進めつつある。海外の保険会社を買収しながら国際的な経営を展開している。本章の分析結果に従えば、生保市場は国内での市場開拓に限界が見えつつあるので、海外戦略は喫緊の課題であり、迅速に実践していかなければならない。そのことは理解できる。

だが、損保市場については浸透効果の上昇傾向から普及の余地がまだ残っていると判断できる。それにもかかわらず、3メガ損保は海外戦略を生保と同様に積極的に進めている。矛盾しているように思われるかもしれない。

これは保険市場を決定づける2つの要因のうち、所得効果のほうが浸透効果よりも短期的に大きな効果を持っているからである。日本経済がデフレから脱却する見通しが立たないなかで、保険市場だけが急激な成長を見せるのは難しい。だから生保も損保も海外に目を向けざるを得ないのである。

生保も損保も収入保険料が低迷するもとではグローバル化は自然な展開と思われる。それでも日本の保険市場に基盤を置く姿勢は変わらない。それゆえ、生保も損保も国内市場に最大の関心を持ち続けなければならないことはいうまでもないであろう。

第3章

世界の保険市場とマクロ経済指標

第1節　経済政策が保険市場に及ぼす影響

生保であれ損保であれ、世界中の保険会社は独自の経営努力を続けながら保険商品を積極的に販売する。それにより保険市場が拡大していく。その一方で、経営努力だけでは克服できない要因も存在する。

それは保険会社が活動する各国のマクロ経済環境の変化である。その代表として国内総生産（GDP）やインフレ等が挙げられる。これらの動きによって、保険市場はかなりの影響を受けると考えられる。

例えば、その国のGDPが拡大すれば、所得を保障する保険商品の必要性も増大する。そうであれば、保険商品の販売はGDPに対してプラスの方向に歩んでいくであろう。

それに対して、インフレは逆の関係が成立すると予想される。なぜなら、インフレは時間の経過に伴って保険商品が提供する保障の実質価値を目減りさせるからである。それゆえ、インフレ進行下では保険商品の購入を控える傾向が強まり、両者の間にはマイナスの関係が見られると思われる。

本章ではこうした保険市場の動向とマクロ経済指標の関係を確認していきたい。そのアプローチとして、スイス再保険会社のレポート『SIGMA（シグマ）』（2013年第3号）に収録されている世界の保険市場と各国のマクロ経済のデータを利用しながら両者の関係を見ていく。章末の付録3（A）（B）ではこれらのデータが整理されている。

もちろん事実確認だけでは終わらない。その結果を踏まえて保険市場のフレームワークを構築し、さらに各国の経済政策が保険市場に及ぼす影響を分析していきたい。ここでは、経済政策の事例として日本銀行が2013年3月に実行した大胆な異次元金融緩和策を取り上げ、この効果がわが国の保険市場にどのような影響を及ぼすかについても検討していく。

第2節　世界の保険市場と分析モデル

(1) 保険指標の計測

まず、シグマのレポートから欧州の1国を除く世界87カ国を対象としながら、世界の保険市場の特徴から捉えていくことにしよう。そのなかで各国の保険市場を観察するにあたって、「保険密度」と「保険普及度」はきわめて有効な保険指標である。

ここでいう保険密度とは国民1人当たり収入保険料（米ドル）であり、保険普及度はGDPに対する収入保険料の割合（%）を意味する。

保険密度（米ドル）＝収入保険料／人口
保険普及度（%）　＝収入保険料／GDP

保険密度ならびに保険普及度が高ければ、その国の保険市場は発達していると判断できる。逆に低ければ発展途上にあるといえる。

早速、世界の保険市場を対象にしながら、これら2種類の保険指標が各国のマクロ経済の影響を受けているかどうかを見ていくことにしたい。

そこで、マクロ経済指標として国民1人当たりGDPとインフレ率を取り上げ、これらの変数が保険指標にどのような影響をもたらしているかを、生損保総合、生保、損保の3種類に分けながら単純な回帰式を通して計測することにしよう。

その際、ここでは国民1人当たりGDPが保険指標に及ぼす効果を「所得効果」、インフレ率が保険指標に及ぼす効果を「インフレ効果」と呼ぶことにする。

回帰式は次の通りである。ただし、各変数は対数変換した数値である。その制約から、インフレ効果の計測にあたってデータ数は85個となっている。

〈所得効果の計測式〉

保険密度　$=a+b$・国民1人当たりGDP

保険普及度$=a+b$・国民1人当たりGDP

〈インフレ効果の計測式〉

保険密度　$=c+d$・インフレ率

保険普及度$=c+d$・インフレ率

生損保総合、生保、損保ごとに分けた計測結果が図表3-1～3-3に整理されている。これらを見るとわかるように、どれも共通した結果が導き出されている。つまり、生損保の業態にかかわらず、国民1人当たりGDPの係数

図表3-1　生損保総合の計測結果

	〈1〉所得効果		〈2〉インフレ効果	
	(1) 保険密度	(2) 保険普及度	(1) 保険密度	(2) 保険普及度
定数	▲7.366	▲2.761	7.628	1.755
t 値	▲9.666 **	▲3.623 **	23.389 **	9.309 **
国民1人当たりGDP	1.415	0.415		
t 値	17.857 **	5.238 **		
インフレ率			▲1.156	▲0.435
t 値			▲5.514 **	▲3.587 **
$adj\text{-}R^2$	0.787	0.235	0.259	0.124
F 値	318.877	27.432	30.403	12.869
データ数	87	87	85	85

(注) ** 1%有意、* 5%有意、▲はマイナスを示す。

図表 3-2　生保の計測結果

	〈1〉所得効果		〈2〉インフレ効果	
	(1) 保険密度	(2) 保険普及度	(1) 保険密度	(2) 保険普及度
定数	▲9.826	▲5.221	6.929	1.056
t 値	▲7.353 **	▲3.907 **	16.921	3.404
国民 1 人当たり GDP	1.555	0.555		
t 値	11.188 **	3.991 **		
インフレ率			▲1.489	▲0.768
t 値			▲5.659 **	▲3.853 **
$adj\text{-}R^2$	0.591	0.148	0.270	0.142
F 値	125.164	15.927	32.025	14.848
データ数	87	87	85	85

（注）** 1%有意、* 5%有意、▲はマイナスを示す。

図表 3-3　損保の計測結果

	〈1〉所得効果		〈2〉インフレ効果	
	(1) 保険密度	(2) 保険普及度	(1) 保険密度	(2) 保険普及度
定数	▲6.947	▲2.342	6.817	0.944
t 値	▲11.815 **	▲3.983 **	23.195	6.418
国民 1 人当たり GDP	1.304	0.304		
t 値	21.327 **	4.971 **		
インフレ率			▲1.019	▲0.298
t 値			▲5.393 **	▲3.149 **
$adj\text{-}R^2$	0.841	0.216	0.251	0.096
F 値	454.823	24.714	29.087	9.917
データ数	87	87	85	85

（注）** 1%有意、* 5%有意、▲はマイナスを示す。

b は正であり、インフレ率の係数 d は負である。しかも、すべて t 値が1%有意の水準を満たしている。

これにより国民1人当たりGDPが増えると保険密度も保険普及度も高まり、所得効果が確認できたことになる。また、インフレ率が高まるとこれら2種類の保険指標は低下し、インフレ効果も確認できたことになる。こうした計測結果は多くの人々が抱く予想と一致するであろう。

所得が増えれば、保障の必要性も高まるので保険需要は高まる。それゆえ、保険密度も保険普及度も上昇する。それに対して、インフレが拡大すれば保障機能が劣化するため保険需要は弱まってしまう。そのため、保険密度も保険普及度も下落する。

こうしたメカニズムが作用しているからこそ、所得効果はプラスの効果をもたらし、インフレ効果はマイナスの効果を生み出すと解釈できる。

(2) 所得効果とインフレ効果

所得効果とインフレ効果がデータから確認できたので、次にそれぞれの効果を体系的に説明していこう。最初に所得効果から見ていきたい。図表3-4はそのために描いたものである。

縦軸にマクロ経済指標として国民1人当たりGDPを取り、左右の横軸に保険指標として保険密度を示す国民1人当たり収入保険料と、保険普及度を示すGDPに対する収入保険料の割合を取っている。

保険密度も保険普及度もともに国民1人当たりGDPに対して正の関係にある。それゆえ、国民1人当たりGDPが増えると、保険密度も保険普及度も高まり、保険市場は拡大していく。それは*A*点から*B*点、ならびに*C*点から*D*点への移動となる。

逆に国民1人当たりGDPが減少すれば保険密度も保険普及度も減少し、保険市場は縮小していく。そのことは*B*点から*A*点、ならびに*D*点から*C*点への移動として表現できる。

それに対して、インフレ効果を描いたものが図表3-5である。縦軸にマクロ経済指標としてインフレ率を取り、左右の横軸には保険密度と保険普及度を取っている。どちらの保険指標もインフレ率に対して負の関係にある。

そのため、インフレ率が上昇する局面では保険密度も保険普及度も減少し、保険市場は縮小していく。そのことは*A*点から*B*点、ならびに*C*点から*D*点への移動となる。

逆にインフレ率が下落する局面では、保険密度も保険普及度も上昇し、保険市場は拡大していく。そのことは*B*点から*A*点、ならびに*D*点から*C*点

図表 3-4　マクロ経済が保険市場に及ぼす所得効果

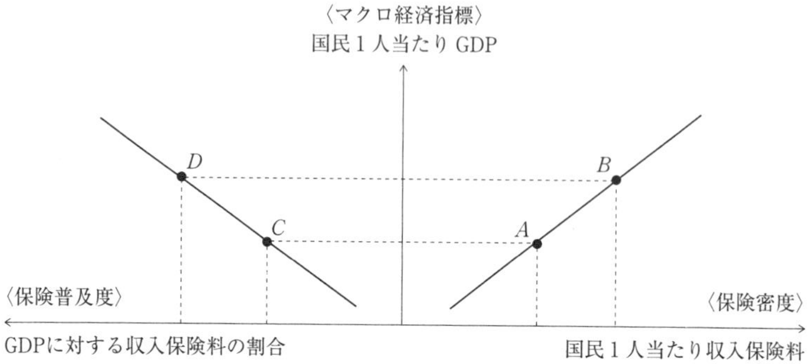

図表 3-5　マクロ経済が保険市場に及ぼすインフレ効果

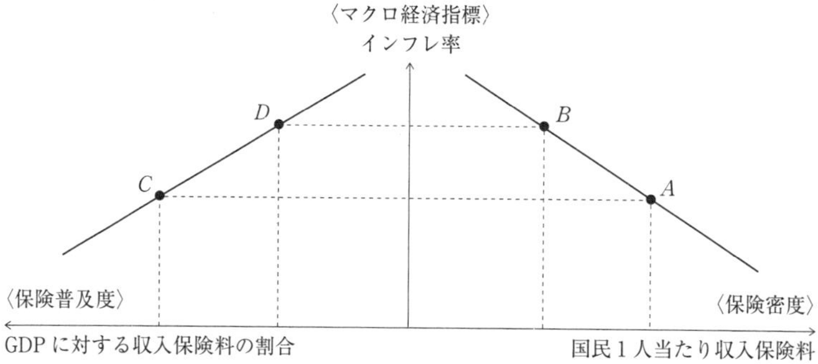

への移動となる。

このように所得効果あるいはインフレ効果を通して、保険指標である保険密度と保険普及度はともにマクロ経済の影響を受ける。ただ、ここで留意すべきことは、それぞれの効果が反対方向に作用しているということである。

２種類の保険指標は、マクロ経済指標である国民１人当たり GDP とインフレ率に対して反対方向に動いていく。この関係を描いたものが図表 3-6 である。

この図では、縦軸にインフレ率、横軸に国民１人当たり GDP といったマクロ経済指標がそれぞれ取られている。この枠組みで保険密度と保険普及度

図表 3-6　等保険量曲線

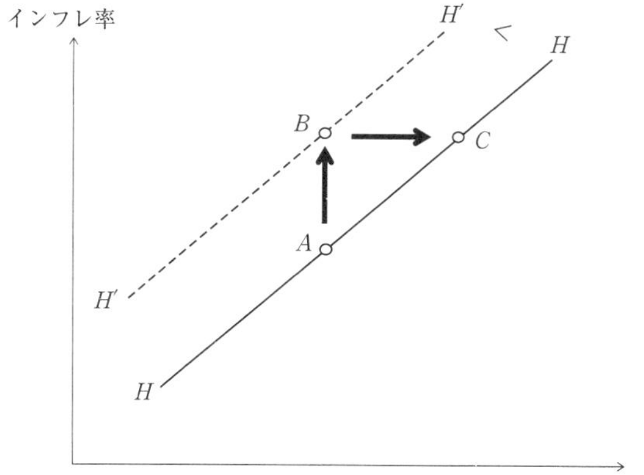

の組み合わせから生じる値を「保険量」と呼び、その値が一定に保たれた「等保険量曲線」が右肩上がりの形状を持つ HH 曲線として描かれている。

ここでいう保険量とはきわめて抽象的な用語であり、例えば保険密度と保険普及度を掛け合わせた値や、あるいは足し合わせた値が考えられる。具体的な意味があるわけではないが、それでもこの保険量の大きさと保険市場の規模が同じ方向に動くので保険の経営指標として利用できよう。

今、HH 曲線上の A 点に保険量が位置づけられているとしよう。そこにインフレ率が B 点に相当するまで上昇したと仮定する。その場合、インフレ効果が作用し、保険量は減少する。なぜなら、保険密度も保険普及度もともにインフレ率に対して負の関係にあるからだ。

保険量を元の水準に保つには、国民1人当たり GDP が C 点に相当するところまで上昇しなければならない。所得効果が作用することで、保険量を一定に保つことができるからである。これにより、HH 曲線は右肩上がりの等保険量曲線としてみなすことができる。

こうした説明からもわかるように、HH 曲線の左側に位置づけられた $H'H'$ 曲線は保険量が低い状態にある。なぜなら、$H'H'$ 曲線は HH 曲線よりも同じ国民１人当たりGDPに対してインフレ率が高いため、保険量が減ってしまうからである。あるいは同じインフレ率に対して国民１人当たりGDPが低いため、保険量も下がってしまうからである。

こうしてマクロ経済指標を座標軸に置いた枠組みのもとで等保険量曲線を描くと、右肩上がりの曲線となり、左あるいは上にシフトするにつれて保険量は減っていくことになる。

第３節　マクロ経済と保険市場

(1) マクロ経済の計測

いままで保険指標について見てきたが、今度は角度を変えてマクロ経済指標に注目していこう。ここでは国民１人当たりGDPとインフレ率の関係、そしてインフレ率と外国為替相場変化率の関係について調べていくことにしたい。そのため、以下のような２本の回帰式を計測する。

ただし、国民１人当たりGDPとインフレ率の回帰式では対数変換した数値を用いているため、データ数は85個である。だが、インフレ率と外国為替相場変化率の回帰式では対数変換しない数値であるため、データ数は88個となっている。なお、外国為替相場変化率は米ドルを基準にした数値を利用している。

国民１人当たりGDP＝$a+b$・インフレ率

インフレ率　　　　＝$c+d$・外国為替相場変化率

図表3-7ではこれら２本の計測結果がまとめられている。まず、最初の回帰結果を見ると、国民１人当たりGDPはインフレ率に対して負の関係にある。

インフレは経済活動を刺激する要因もある。その場合は両者の関係が正となる。だが、逆に経済活動を停滞させる要因も含んでいる。このとき、両者

図表 3-7　マクロ経済指標の計測結果

	(1) 国民１人当たり GDP	(2) インフレ率
定数	10.478	2.007
t 値	50.715 **	2.834 **
インフレ率	▲0.721	
t 値	▲5.430 **	
外国為替相場変化率		0.595
t 値		8.508 **
$adj\text{-}R^2$	0.253	0.451
F 値	29.482	72.385
データ数	85	88

(注) ** 1%有意、* 5%有意、▲はマイナスを示す。

図表 3-8　マクロ経済の相互関連性

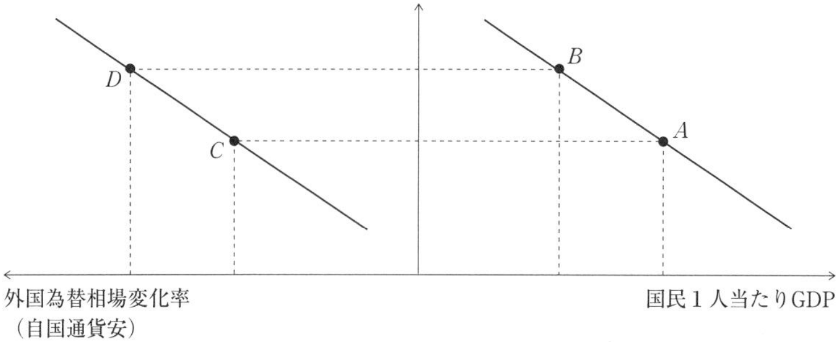

の関係は負となる。世界の国々を見る限り、インフレは国民所得を抑える作用のほうがむしろ強いことがわかる。

次にインフレ率と外国為替相場変化率の計測結果を見ると、両者は正の関係が得られている。自国の通貨が米ドルに対して減価するにつれてインフレ率も上昇する傾向が読み取れる。このことは誰もが予想する結果であろう。

こうして得られたマクロ経済指標の関係を１つの図にまとめたものが図表 3-8 である。ここでは縦軸にインフレ率を取り、左右の横軸に外国為替相場変化率、そして国民１人当たり GDP が取られている。

インフレ率が上昇する局面では国民１人当たり GDP は減少傾向にある。

そのことは図の中でA点からB点への移行として示される。

一方、インフレ率は外国為替相場変化率に対して正の関係にある。それゆえ、自国通貨が安くなるにつれてC点からD点へ移動し、インフレ率は上昇することになる。

したがって、自国通貨が下落すれば、インフレ率は上昇し、そのことは国民1人当たりGDPの引き下げにつながっていく。

(2) 経済政策の効果

マクロ経済の相互関連性が明らかになったところで、経済政策が民間の保険市場に及ぼす影響について考察することにしよう。図表3-9はそのために描かれたものである。

縦軸にインフレ率を取り、横軸に国民1人当たりGDPが取られている。この枠組みのなかで、右肩下がりのMM曲線はマクロ経済指標の関係を捉えたものであり、図表3-8の右側象限で示した曲線をそのまま取り出している。

一方、右肩上がりのHH曲線は図表3-6の等保険量曲線を示したものであり、保険市場を表している。したがって、MM曲線とHH曲線が交わるA点において、マクロ経済と保険市場が決定づけられることになる。

このモデルのもとで、例えば自国において外国為替相場の減価からインフレ率が上昇したと仮定しよう。その場合、インフレ率に対して負の関係にある国民1人当たりGDPは減少するため、MM曲線上のA点は左上のB点に移動する。

このB点は、保険市場を表す新たな等保険量曲線である$H'H'$曲線上に位置しているため、HH曲線上のA点よりも保険量が小さいことがわかる。保険密度を表す国民1人当たり収入保険料も、保険普及度を表すGDPに対する収入保険料の割合も、インフレ効果と所得効果がともにマイナスの方向に作用するため、保険量そのものが下がっているのである。

図表 3-9　経済政策と保険市場
―インフレと GDP が負の関係にある場合―

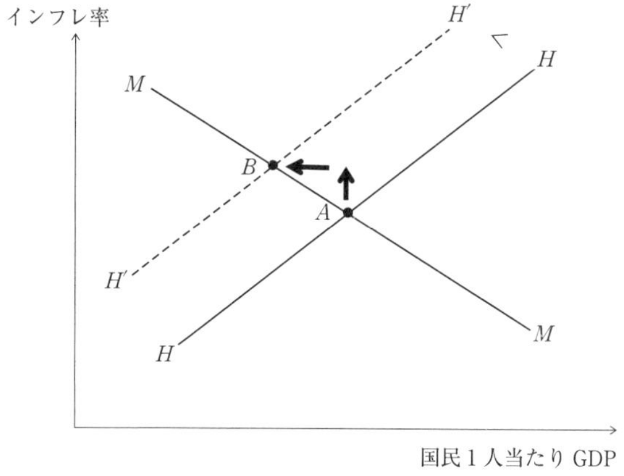

したがって、インフレ率が上昇する場合、保険量は減少することになる。こうして民間の保険市場はマクロ経済の影響を受ける構図が簡単なモデルから明らかにされた。

今日、わが国ではアベノミクスと呼ばれる脱インフレを目指す経済政策が強力に展開されている。そのなかで中央銀行である日本銀行は、過去に類を見ない大胆な金融緩和策を推し進めている。

GDP の引き上げが最終目標であるが、それを実現するにあたってデフレからの脱却と円高の是正を目指している。積極的な量的緩和策を持続させることで、インフレと円安を同時に誘導しようとしている。

だが、世界の国々を対象にしたインフレ率と国民1人当たり GDP の関係を見る限りでは、インフレ率の上昇は GDP を抑える姿が見出された。その関係を素直に受け入れれば、わが国の経済政策は最終目標を達成できるかどうか不安になる。むしろ、逆効果を生み出す危険をはらんでいる。

そのことは保険市場の発展を阻止することにもつながる。インフレ率が上昇し、国民1人当たり GDP が減少すれば、保険密度ならびに保険普及度を引き下げてしまうからである。

第4節　多様なインフレとGDPの関係

本章ではインフレがGDPを引き下げる傾向にあることを世界の国々のデータから見出し、その関係に基づきながらマクロ経済指標が保険市場に及ぼす影響について分析してきた。

確かにデータを利用する限り、インフレとGDPの間には負の関係が成立した。だが、この関係に違和感を覚える人も多いであろう。なぜなら、一般に通常のマクロ経済学では、両者の間に正の関係を指摘することが多いからである。

だからこそ、アベノミクスのなかで日本銀行は大胆な金融緩和策を実施し、インフレを引き起こすことで景気に刺激を与え、経済成長を目指している。

世界の国々はそれぞれ経済発展の度合が異なっている。発展途上の国もあれば成熟した国もある。インフレとGDPの関係も、そうした経済発展段階の相違を反映して決定されているのかもしれない。

とりわけ、先進諸国を対象にした場合、インフレとGDPの間には正の関係が成立しているケースが多いのであろう。なかでもわが国経済は世界でも高度に発達した段階に達している。それゆえ、世界データから得られた負の関係よりも、むしろ正の関係のほうが当てはまるかもしれない。

図表3-10はそうしたインフレとGDPが正の関係にある場合を前提にしたものである。この場合、マクロ経済指標を表す曲線は右肩上がりになる。

ただし、ここではインフレ率が1人当たりGDPに対して影響力が弱いケースとして*MM*曲線を、逆に強いケースとして*M'M'*曲線を描いている。どちらも右肩上がりの曲線であるが、角度が異なっている。

*MM*曲線の場合、インフレ率が上昇すると、*HH*曲線上のA点から*H'H'*曲線上の*B*点に移動する。これは保険量の減少に相当する。先ほどのインフレとGDPが負の関係にあるケースと同じである。

図表 3-10　経済政策と保険市場
—インフレと GDP が正の関係にある場合—

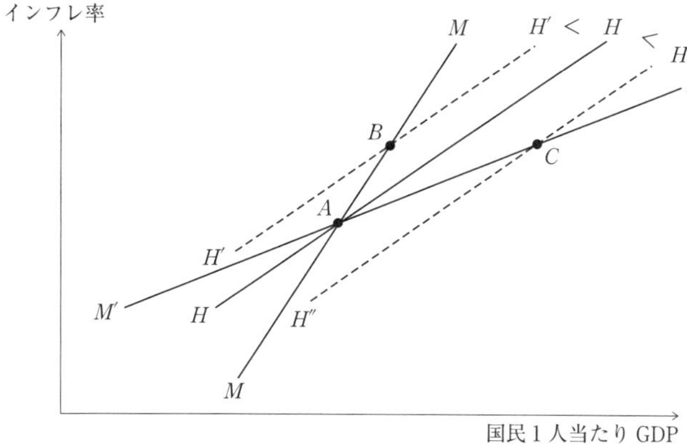

それに対して $M'M'$ 曲線ではインフレ率が上昇した場合、HH 曲線上の A 点から $H''H''$ 曲線上の C 点に移動する。これは保険量の増大となる。インフレ率よりも 1 人当たり GDP のほうが上昇するため、インフレ効果よりも所得効果のほうが大きく作用する。それゆえ、保険量は元の水準を上回るのである。

わが国においてどのケースが当てはまるのかはわからない。日本銀行の大胆な金融緩和策が思惑通りに進めば、インフレ効果を所得効果が凌駕し、日本経済だけでなく保険市場も活性化させることにつながるだろう。

だが、単にインフレだけを引き起こすだけで経済成長に貢献しなければ、逆の効果が作用する。さらに危険なことは、過度な金融緩和策からハイパーインフレを引き起こしてしまうケースである。そのとき、経済活動は混乱し、日本経済とともに保険市場も大きく後退するであろう。

生保も損保も民間会社である限り、不断の経営努力が求められる。だが、個別の経営努力だけで回避できないマクロ経済の影響を受けることも事実である。保険会社はそのことを十分に認識しながら万全な経営体制で臨むべきである。

付録3（A） 世界の保険データとマクロ経済指標

	GDP順位	国名	(1) 保険関連データ					
						保険密度		
			総収入保険料（百万米ドル）	損害収入保険料（百万米ドル）	生命収入保険料（百万米ドル）	国民１人当たり総収入保険料（米ドル）	国民１人当たり損害収入保険料（米ドル）	国民１人当たり生命収入保険料（米ドル）
北米	1	米国	1,270,884	703,128	567,756	4,047.4	2,239.3	1,808.1
	10	カナダ	122,533	70,750	51,783	3,531.2	2,038.9	1,492.3
		合計	1,393,416	773,878	619,538	3,996.0	2,219.3	1,776.7
中南米および カリブ海諸国	7	ブラジル	82,267	37,483	44,784	414.2	188.7	225.5
	14	メキシコ	23,982	13,138	10,844	206.2	113.0	93.2
	27	アルゼンチン	15,458	12,340	3,118	375.2	299.5	75.7
	30	ベネズエラ	14,163	13,670	493	473.7	457.2	16.5
	32	コロンビア	8,880	6,126	2,754	186.9	129.0	58.0
	38	チリ	10,491	4,357	6,134	602.9	250.4	352.5
	51	ペルー	2,998	1,604	1,394	100.6	53.8	46.8
	62	エクアドル	1,485	1,230	255	99.7	82.6	17.1
	64	ドミニカ共和国	746	632	114	73.1	62.0	11.2
	70	グアテマラ	914	789	125	60.1	51.9	8.2
	71	ウルグアイ	973	738	235	286.2	217.1	69.1
	75	コスタリカ	897	818	79	186.9	170.4	16.5
	79	パナマ	1,139	884	255	316.4	245.6	70.8
	83	トリニダード・トバゴ	952	591	361	732.3	454.6	277.7
	84	ジャマイカ	701	442	259	250.4	157.9	92.5
		その他諸国	2,993	2,361	632			
		合計	168,737	96,903	71,834	281.9	161.9	120.0
欧州	4	ドイツ	231,908	125,497	106,411	2,838.5	1,536.1	1,302.5
	5	フランス	242,458	93,112	149,346	3,696.0	1,419.4	2,276.6
	6	英国	311,418	105,500	205,918	4,927.5	1,669.3	3,258.2
	8	イタリア	144,221	50,945	93,276	2,372.1	837.9	1,534.1
	9	ロシア	26,028	24,296	1,732	182.4	170.3	12.1
	13	スペイン	71,991	38,229	33,762	1,558.2	827.5	730.8
	17	トルコ	10,882	9,140	1,742	145.9	122.5	23.4
	18	オランダ	100,343	71,005	29,338	5,972.8	4,226.5	1,746.3

			(2) マクロ経済指標					
保険普及度								
GDP比 総収入 保険料 (%)	GDP比 損害収入 保険料 (%)	GDP比 生命収入 保険料 (%)	人口 (百万人)	GDP (十億 米ドル)	国民1人 当たり GDP (米ドル)	インフレ率 (%)	外国為替 変化率 (%)
8.18	4.52	3.65	314.0	15,542	49,497	2.1	0.0
6.74	3.89	2.85	34.7	1,819	52,421	1.5	1.0
8.03	4.46	3.57	348.7	17,361	49,788		
3.65	1.66	1.99	198.6	2,253	11,344	5.4	16.7
2.04	1.12	0.92	116.3	1,177	10,120	4.1	6.0
3.30	2.63	0.66	41.2	469	11,383	25.0	10.0
3.72	3.59	0.13	29.9	381	12,742	21.1	0.0
2.43	1.68	0.75	47.5	365	7,684	3.2	▲2.7
3.97	1.65	2.32	17.4	264	15,172	3.0	0.6
1.50	0.80	0.70	29.8	200	6,711	3.7	▲4.2
1.77	1.46	0.30	14.9	84	5,638	5.1	0.0
1.29	1.09	0.20	10.2	58	5,686	3.7	2.4
1.83	1.58	0.25	15.2	50	3,289	3.8	0.2
1.95	1.48	0.47	3.4	50	14,706	8.1	5.2
1.99	1.82	0.18	4.8	45	9,375	4.5	▲0.5
3.16	2.46	0.71	3.6	36	10,000	5.8	0.0
4.33	2.69	1.64	1.3	22	16,923	9.1	0.1
4.67	2.95	1.73	2.8	15	5,357	6.7	3.0
3.00	1.72	1.28	598.5	5,621	9,392		
6.82	3.69	3.13	81.7	3,399	41,603	2.0	8.3
9.31	3.57	5.73	65.6	2,605	39,710	2.0	8.3
12.76	4.32	8.44	63.2	2,440	38,608	2.8	1.1
7.19	2.54	4.65	60.8	2,007	33,010	3.0	8.3
1.33	1.24	0.09	142.7	1,952	13,679	6.0	6.8
5.33	2.83	2.50	46.2	1,351	29,242	2.4	8.3
1.37	1.15	0.22	74.6	795	10,657	8.9	7.0
12.98	9.19	3.80	16.8	773	46,012	2.5	8.3

	GDP順位	国名	（1）保険関連データ					
						保険密度		
			総収入保険料（百万米ドル）	損害収入保険料（百万米ドル）	生命収入保険料（百万米ドル）	国民１人当たり総収入保険料（米ドル）	国民１人当たり損害収入保険料（米ドル）	国民１人当たり生命収入保険料（米ドル）
	20	スイス	60,547	27,376	33,171	7,568.4	3,422.0	4,146.4
	21	スウェーデン	37,079	9,804	27,275	3,903.1	1,032.0	2,871.1
	22	ノルウェー	24,125	9,942	14,183	4,825.0	1,988.4	2,836.6
	23	ポーランド	19,039	9,318	9,721	493.2	241.4	251.8
	25	ベルギー	41,112	14,564	26,548	3,737.5	1,324.0	2,413.5
	28	オーストリア	20,948	12,575	8,373	2,464.5	1,479.4	985.1
	34	デンマーク	31,545	10,771	20,774	5,633.0	1,923.4	3,709.6
	42	フィンランド	25,841	4,931	20,910	4,785.4	913.1	3,872.2
	43	ギリシャ	5,874	3,395	2,479	519.8	300.4	219.4
	46	ポルトガル	5,155	5,155	8,400	1,291.0	491.0	800.0
	47	アイルランド	50,855	8,230	42,625	11,301.1	1,828.9	9,472.2
	48	チェコ共和国	7,845	4,165	3,680	747.1	396.7	350.5
	55	ウクライナ	3,047	2,798	249	67.7	62.2	5.5
	56	ルーマニア	2,287	1,812	475	107.4	85.1	22.3
	58	ハンガリー	3,298	1,524	1,774	333.1	153.9	179.2
	61	スロバキア	2,600	1,385	1,215	481.5	256.5	225.0
	66	クロアチア	1,545	1,124	421	351.1	255.5	95.7
	67	ルクセンブルク	29,263	3,317	25,946	58,526.0	6,634.0	51,892.0
	68	ベラルーシ	520	495	25	54.7	52.1	2.6
	69	ブルガリア	1,039	886	153	140.4	119.7	20.7
	72	スロベニア	2,573	1,873	700	1,225.2	891.9	333.3
	78	セルビア	697	571	126	95.5	78.2	17.3
	82	キプロス	1,021	580	441	1,134.4	644.4	490.0
	87	マルタ	2,959	1,591	1,368	7,397.5	3,977.5	3,420.0
	88	リヒテンシュタイン	4,372	853	3,519	なし	なし	なし
		その他諸国	2,345	1,974	371			
		合計	1,535,176	658,732	876,444	1,883.7	808.3	1,075.4

（資料）スイス再保険会社『SIGMA』2013年第3号より。

			(2) マクロ経済指標					
保険普及度								
GDP比 総収入 保険料 (%)	GDP比 損害収入 保険料 (%)	GDP比 生命収入 保険料 (%)	人口 (百万人)	GDP (十億米ドル)	国民1人当たりGDP (米ドル)	インフレ率 (%)	外国為替変化率 (%)
9.58	4.33	5.25	8.0	632	79,000	▲0.7	5.6
7.06	1.87	5.20	9.5	525	55,263	0.9	4.3
4.81	1.98	2.83	5.0	502	100,400	0.7	3.9
3.82	1.87	1.95	38.6	499	12,927	4.0	9.9
8.48	3.00	5.47	11.0	485	44,091	2.8	8.3
5.26	3.16	2.10	8.5	398	46,824	2.5	8.3
10.05	3.43	6.62	5.6	314	56,071	2.4	8.1
10.34	1.97	8.36	5.4	250	46,296	2.8	8.3
2.36	1.36	1.00	11.3	249	22,035	1.5	8.3
2.42	2.42	3.94	10.5	213	20,286	2.8	8.3
24.10	3.90	20.20	4.5	211	46,889	1.9	8.3
3.72	1.97	1.74	10.5	211	20,095	3.2	10.6
1.82	1.68	0.15	45.0	167	3,711	0.5	0.3
1.44	1.14	0.30	21.3	159	7,465	3.5	13.8
2.44	1.13	1.31	9.9	135	13,636	5.7	12.0
2.71	1.44	1.27	5.4	96	17,778	3.5	8.3
2.71	1.97	0.74	4.4	57	12,955	2.5	9.5
51.34	5.82	45.52	0.5	57	114,000	2.7	8.3
0.95	0.90	0.05	9.5	55	5,789	59.1	67.6
2.00	1.70	0.29	7.4	52	7,027	2.5	8.2
5.47	3.99	1.49	2.1	47	22,381	2.5	8.3
1.83	1.50	0.33	7.3	38	5,205	7.0	19.9
4.44	2.52	1.92	0.9	23	25,556	3.1	8.3
32.88	17.68	15.20	0.4	9	22,500	3.2	8.3
なし	なし	なし	0.0	6	171,429	▲0.7	5.6
7.36	3.16	4.20	815.0	20,871	25,609		

付録3（B） 世界の保険データとマクロ経済指標（続き）

	GDP順位	国名	(1) 保険関連データ					
						保険密度		
			総収入保険料（百万米ドル）	損害収入保険料（百万米ドル）	生命収入保険料（百万米ドル）	国民1人当たり総収入保険料（米ドル）	国民1人当たり損害収入保険料（米ドル）	国民1人当たり生命収入保険料（米ドル）
アジア	2	中国	245,510	104,302	141,208	178.9	76.0	102.9
	3	日本	654,112	129,740	524,372	5,166.8	1,024.8	4,142.0
	11	インド	66,442	13,142	53,300	53.2	10.5	42.7
	15	韓国	139,296	60,376	78,920	2,785.9	1,207.5	1,578.4
	16	インドネシア	15,509	4,615	10,894	65.2	19.4	45.8
	19	サウジアラビア	5,455	5,220	235	190.1	181.9	8.2
	24	イラン	8,222	7,570	652	108.8	100.1	8.6
	26	台湾	57,752	15,230	42,522	2,478.6	653.6	1,825.0
	31	タイ	18,356	7,567	10,789	266.4	109.8	156.6
	33	アラブ首長国連邦	7,190	5,747	1,443	1,467.3	1,172.9	294.5
	35	マレーシア	14,828	5,315	9,513	514.9	184.5	330.3
	36	シンガポール	22,080	9,823	12,257	4,416.0	1,964.6	2,451.4
	39	香港	32,717	3,738	28,979	4,544.0	519.2	4,024.9
	41	フィリピン	3,496	1,231	2,265	36.0	12.7	23.3
	44	イスラエル	11,556	5,355	6,201	1,500.8	695.5	805.3
	45	パキスタン	1,559	608	951	8.7	3.4	5.3
	49	カタール	1,300	1,242	58	684.2	653.7	30.5
	50	カザフスタン	1,419	1,067	352	86.5	65.1	21.5
	52	クウェート	970	789	181	334.5	272.1	62.4
	57	ベトナム	1,973	1,091	882	22.0	12.2	9.8
	63	オマーン	763	637	126	263.1	219.7	43.4
	65	スリランカ	698	385	313	32.9	18.2	14.8
	74	レバノン	1,295	918	377	301.2	213.5	87.7

保険普及度			(2) マクロ経済指標				
GDP 比 総収入 保険料 (%)	GDP 比 損害収入 保険料 (%)	GDP 比 生命収入 保険料 (%)	人口 (百万人)	GDP (十億米ドル)	国民1人当たり GDP (米ドル)	インフレ率 (%)	外国為替変化率 (%)
2.96	1.26	1.70	1,372.3	8,303	6,050	2.6	▲2.4
11.44	2.27	9.17	126.6	5,716	45,150	▲0.3	5.0
3.96	0.78	3.17	1,249.0	1,679	1,344	8.5	13.5
12.12	5.25	6.87	50.0	1,149	22,980	1.8	0.3
1.77	0.53	1.24	237.7	876	3,685	4.3	7.0
0.75	0.72	0.03	28.7	727	25,331	4.5	0.0
1.65	1.52	0.13	75.6	498	6,587	28.7	14.8
11.93	3.15	8.79	23.3	484	20,773	1.9	0.5
5.02	2.07	2.95	68.9	366	5,312	3.0	1.9
1.98	1.58	0.40	4.9	364	74,286	0.7	0.0
4.80	1.72	3.08	28.8	309	10,729	1.5	0.9
7.97	3.55	4.42	5.0	277	55,400	4.6	▲0.7
12.44	1.42	11.02	7.2	263	36,528	4.1	▲0.4
1.40	0.49	0.91	97.1	250	2,575	3.1	▲2.5
4.78	2.21	2.56	7.7	242	31,429	1.7	7.8
0.71	0.28	0.43	180.0	221	1,228	9.7	8.2
0.63	0.60	0.03	1.9	207	108,947	1.9	0.0
0.71	0.53	0.18	16.4	201	12,256	5.1	1.7
0.50	0.40	0.09	2.9	195	67,241	2.9	1.1
1.42	0.78	0.63	89.7	139	1,550	9.3	1.7
1.00	0.84	0.17	2.9	76	26,207	2.9	0.0
1.20	0.66	0.54	21.2	58	2,736	7.3	15.0
2.88	2.04	0.84	4.3	45	10,465	6.6	0.0

			(1) 保険関連データ					
			総収入保険料	損害収入保険料	生命収入保険料	保険密度		
	GDP順位	国名				国民1人当たり総収入保険料	国民1人当たり損害収入保険料	国民1人当たり生命収入保険料
			（百万米ドル）	（百万米ドル）	（百万米ドル）	（米ドル）	（米ドル）	（米ドル）
	77	マカオ	675	207	468	1,125.0	345.0	780.0
	80	バーレーン	626	484	142	447.1	345.7	101.4
	81	ヨルダン	660	598	62	103.1	93.4	9.7
		その他諸国	1,766	1,514	252			
		合計	1,346,223	388,511	957,712	323.0	93.2	229.8
アフリカ	29	南アフリカ	54,871	10,084	44,787	1,080.1	198.5	881.6
	37	ナイジェリア	1,828	1,354	474	10.9	8.1	2.8
	40	エジプト	1,818	1,033	785	21.7	12.3	9.4
	53	アルジェリア	1,250	1,161	89	34.2	31.8	2.4
	59	アンゴラ	1,140	1,083	57	56.4	53.6	2.8
	60	モロッコ	2,857	1,927	930	87.6	59.1	28.5
	73	チェニジア	817	694	123	76.4	64.9	11.5
	76	ケニア	1,291	855	436	30.2	20.0	10.2
	85	ナンビア	980	306	674	408.3	127.5	280.8
	86	モーリシャス	655	213	442	503.8	163.8	340.0
		その他諸国	4,384	3,293	1,091			
		合計	71,890	22,002	49,888	67.3	20.6	46.7
オセアニア	12	オーストリア	86,214	42,525	43,689	3,918.8	1,933.0	1,985.9
	54	ニュージーランド	10,483	8,811	1,672	2,329.6	1,958.0	371.6
		その他諸国	374	287	87			
		合計	97,071	51,623	45,448	2,659.5	1,414.3	1,245.2
		総合計	4,612,514	1,991,650	2,620,864	655.7	283.1	372.6

（資料）スイス再保険会社『SIGMA』2013年第3号より。

			(2) マクロ経済指標				
保険普及度							
GDP 比 総収入 保険料 (%)	GDP 比 損害収入 保険料 (%)	GDP 比 生命収入 保険料 (%)	人口 (百万人)	GDP (十億米ドル)	国民1人当たり GDP (米ドル)	インフレ率 (%)	外国為替変化率 (%)
1.65	0.50	1.14	0.6	41	68,333	6.4	▲0.3
1.96	1.51	0.44	1.4	32	22,857	2.8	0.0
2.13	1.93	0.20	6.4	31	4,844	4.7	0.0
5.75	1.66	4.09	4,167.7	23,403	5,615		
14.18	2.61	11.57	50.8	387	7,618	5.7	13.0
0.68	0.51	0.18	167.0	268	1,605	12.2	1.3
0.73	0.41	0.31	83.9	250	2,980	8.7	3.2
0.67	0.62	0.05	36.5	186	5,096	9.1	6.3
0.99	0.94	0.05	20.2	115	5,693	10.3	1.5
2.95	1.99	0.96	32.6	97	2,975	1.3	6.7
1.82	1.54	0.27	10.7	45	4,206	5.6	11.0
3.07	2.04	1.04	42.8	42	981	9.4	▲4.8
8.17	2.55	5.62	2.4	12	5,000	6.4	13.0
5.95	1.94	4.02	1.3	11	8,462	3.9	8.9
3.65	1.12	2.53	1,068.2	1,970	1,844		
5.60	2.76	2.84	22.0	1,540	70,000	1.7	▲0.4
6.24	5.24	1.00	4.5	168	37,333	1.2	▲2.4
5.60	2.98	2.62	36.5	1,734	47,507		
6.50	2.81	3.69	7,034.6	70,960	10,087		

第 2 部

保険会社の株価分析

第4章
保険の販売手数料をめぐる理論分析

第1節　販売チャネルが抱える諸問題

(1) 乗合代理店の出現

保険の販売チャネルが多様化するなかで、通称「保険ショップ」と呼ばれる乗合代理店が急速な成長を見せている。従来型の専属営業職員や専属代理店と異なり、複数の保険商品を比較しながら顧客に勧める販売方法が評価されているためである。

また、経済・社会の環境変化から職場のセキュリティが年々厳しくなり、かつてのような専属営業職員による顧客への対応が難しくなっている。来店型の乗合代理店はその問題をみごとに克服し、顧客自身が店に足を運ぶスタイルが定着しつつある。

その結果、最大手の保険の窓口グループは店舗数が500店を超え、大手4社（保険の窓口グループ、保険見直し本舗、みつばち保険グループ、アイリックコーポレーション）では合計1,000店を超えるほどまでに拡大している。

そうした好調な乗合代理店で、保険商品の販売方法をめぐる疑問が出されている。それは顧客の意向に沿った保険商品ではなく、販売手数料の高い保険商品を故意に勧めているのではないかという批判である。インセンティブ・コミッションの問題である。

複数の保険商品から顧客に合った保険商品を推奨するのが乗合代理店の販

売方法である。ところが、一部で販売手数料の高い保険商品に偏った販売方法が指摘されるようになった。顧客の意向に反する行為であり、他の保険商品の販売にも不信感を抱かせることになる。

この問題は最近になって起きたものではなく、以前から存在していたようである。販売手数料が公表されれば問題はすぐに解消できると思われるが、現状では非公開のままである。そのため販売手数料の開示を義務づけることの是非が金融審議会のワーキング・グループのなかでさまざまな角度から熱心に議論された。

2013年6月にはワーキング・グループのメンバーによる議論を踏まえたうえで、報告書「新しい保険商品・サービス及び募集ルールのあり方について」(以下、「報告書」)が発表された。それによると「保険商品の比較販売について、一定の適切な体制が整備・確保されると考えられることから、現時点において、一律にこれを求める必要はない」(「報告書」20頁)と指摘している。

ただし、「必要に応じて、乗合代理店に支払われる手数料の多寡によって商品の比較・推奨のプロセスが歪められていないかについて、当局の検査・監督によって検証を行うことが重要である」(「報告書」20頁)という文言も付け加えられている。この報告書の発表を受けて2014年5月には「保険業法等の一部を改正する法律」が成立している。

(2) 販売手数料をめぐる2つの命題

最終的には販売手数料は非公開のままであり、問題が発生したときに監督機関である金融庁が調査に入るという手続きを踏むことになった。消費者である保険契約者の立場から見れば、公開すべきであろうと考えたくなる。ところが、学識経験者の集まりである金融審議会では逆の結論を導き出し、それに基づいて法律が作られていった。

非公開を支持する論拠は保険商品の複雑さにあり、理解可能な形で保険契約者に開示するのが難しいためである。もし無理に公開すれば誤った情報を保険契約者に与えることにもなり、かえって保険市場の混乱にもつながりかねない。特に保険商品を提供する立場にある保険会社はこうした考え方が強いであろう。

確かに保険会社側が懸念するように、現状では販売手数料の公開は難しいかもしれない。だが、長期的に考えればやはり開示すべきであり、この方向性が強まれば保険会社も経営姿勢が変わり、顧客の目線に合った理解しやすい説明を始めるであろう。それゆえ、販売手数料の非開示がいつまでも続くようには思われない。

そこで、本章では次の2つの命題を明らかにしていきたい。

（命題1）短期的視点から見た「販売手数料の非公開」の妥当性
短期的には販売手数料は非公開のままで良いとする現行の措置を肯定する。

（命題2）長期的視点から見た「販売手数料の公開」の妥当性
長期的には現行の措置を改め、販売手数料の公開に踏み切るべきである。

短期と長期で相反する2つの命題が導き出されるのは不思議に見えるかもしれないが、保険契約者の保険商品に対する知識の変化が矛盾した結果を導き出すと考えている。早速、単純なモデルを使いながら販売手数料をめぐる2つの命題を説明していくことにしよう。

分析の進め方として、第2節において短期的視点から販売手数料の非公開の正当性を扱いながら、今度は長期的視点から販売手数料の公開の必要性を論じていく。第3節では視点を変えて供給者側の立場から販売手数料をめぐる代替的解釈を展開する。そして第4節では銀行窓口販売に触れながら、将来の保険募集のあり方についてまとめていく。

第2節　販売手数料の理論分析

(1) 販売手数料と情報量の決定理論

保険契約者を大雑把に分けると、2種類のタイプに分類できる。ひとつは保険について熟知した保険契約者である。自分自身に降りかかる不確実性をできる限り排除する手段として、保険商品を適切に選択できる保険契約者である。

もうひとつはまったく対照的に保険について無知な保険契約者である。不確実性を取り除く手段としての保険商品に関心を示しながらも、どの保険商品が適切であるか判断できない保険契約者である。

保険商品を販売する乗合代理店は、2種類のタイプの保険契約者を見極めながら、それぞれのニーズに合った保険商品を提供するのが仕事である。対面を通じて顧客である保険契約者が置かれている状況を正確に把握しながら、多くの保険商品のなかから顧客にとって適切なものを選択する。

もちろん、提案した保険商品の特徴などについて詳細に説明したうえで、納得してもらわなければならない。そのプロセスを経過した時点で、保険商品の販売が実施されることになる。

したがって、販売手数料はまさに乗合代理店が保険契約者に提供する「情報の報酬」であると解釈できる。その場合、保険契約者の理解度に応じて乗合代理店が提供する情報量も違ってくる。

保険を熟知した保険契約者ならば、乗合代理店が提供する情報量は少なくて済む。ところが、無知な保険契約者ならば乗合代理店が提供する情報量は大きくならざるを得ない。保険契約者が納得するのに時間も労力も費やさざるを得ないからである。

図表4-1はそうした保険契約者のタイプの違いに応じて販売手数料も異なることを示したものである。この図で*SS*曲線は、乗合代理店が保険契約者

図表 4-1　販売手数料と情報量の関係

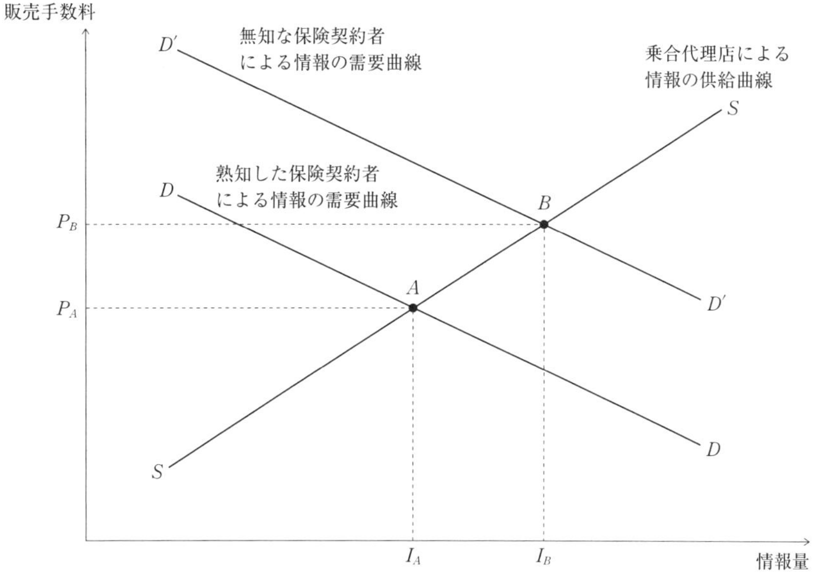

に向けて提供する情報の供給曲線である。販売手数料と提供する情報量の間には正の関係が成立すると考えられる。それゆえ、乗合代理店が提供する情報の供給曲線は右上がりに描くことができる。

それに対して情報の需要曲線は右下がりとなる。なぜなら、販売手数料が減るほど保険契約者が求める情報量は増える傾向にあるからだ。だが、ここで注目しなければならないのは保険の習熟度に応じて需要曲線が異なっている点である。

保険を熟知した保険契約者ならば、それほど多くの情報を得る必要がないであろう。だが、無知な保険契約者ならばより多くの情報を求める。したがって、熟知した保険契約者の需要曲線が DD 曲線として描かれるならば、無知な保険契約者の需要曲線は右側にシフトした $D'D'$ 曲線になる。

両者の需要曲線が異なることから供給曲線と交わる均衡点も違ってくる。熟知した保険契約者の場合、A 点が均衡点であることから、販売手数料は

P_A、情報量は I_A となる。一方、無知な保険契約者の場合、B 点が均衡点となり、販売手数料は P_B、情報量は I_B となる。

2つの均衡点からそれぞれの販売手数料と情報量を比較すると、次のような関係が成立する。

販売手数料……$P_A < P_B$
情　報　量……$I_A < I_B$

保険を熟知した保険契約者は無知な保険契約者よりも情報量が少なくて済むため、販売手数料も少ない。そのことがこの図を通じて理解できる。それゆえ、保険契約者の習熟度に応じて乗合代理店が提供する情報量が異なり、それに見合った販売手数料も違ってくることがわかる。

(2) 短期的視点から見た「販売手数料の非公開」の妥当性

分析フレームワークが明らかになったところで、販売手数料をめぐる2つの命題のうち、第1の命題である当面の措置として販売手数料が非公開のままで良いとする短期的な説明から始めよう。

ここでいう短期とは、保険市場を取り巻く環境が変わらないことを意味する。とりわけ、無知な保険契約者に変化が見られない場合を扱っている。本来ならば時間とともに保険の知識を深めていくのが一般的な動きであるが、一切、変化がない状態を対象にしている。

いま、図表4-1で描かれた状況のなかで販売手数料が非公開であったとしよう。そのなかで乗合代理店は顧客である保険契約者の習熟度を推測しながら満足のゆく説明を繰り返し、最終的に納得のゆく保険商品を提供する。

乗合代理店が顧客本位の経営姿勢を貫けば、保険を熟知した保険契約者と無知な保険契約者の間に販売手数料の格差が生じる。ところが、短期的な利益を狙い、販売手数料をすべて P_B に統一したとしよう。つまり、保険を熟知した保険契約者に向けて課す本来の販売手数料である P_A から P_B に引き上げるのである。

販売手数料が非公開のもとでは、いくら熟知した保険契約者でも市場で決定される均衡状態を把握するのが難しい。そのため、熟知した保険契約者は余分な販売手数料を支払わされることになる。しかも販売手数料が非公開であるので不利な状態がいつまでも続くであろう。いうまでもなく、意味もなく高い手数料を課す行為は商品を販売するうえで好ましいことではない。

だが、乗合代理店が短期的な利益の拡大を目指す限り、こうした行為が生じるのは当然であろう。そこで、監督機関の存在が必要となる。金融庁は実態調査に乗り出し、故意に高い販売手数料の保険商品を選択させる乗合代理店があれば、厳しく注意を促すことになる。

したがって、販売手数料が非公開のもとでは、金融庁が検査・監督の機能を発揮することで、歪んだ保険商品の販売が是正されるとともに、抑止効果も浸透していく。これにより保険契約者にわざわざ販売手数料を明示しなくても情報量に見合った保険商品が提案されるであろう。

それでは販売手数料を公開したならば、どのような変化が見られるであろうか。この場合は乗合代理店だけでなく、保険契約者も情報量に相当する販売手数料が見分けられるので、熟知した保険契約者であるならば過度に高い販売手数料を課されることはない。

熟知した保険契約者には P_A、無知な保険契約者には P_B の販売手数料が決定づけられる。情報量に見合った本来の姿が描かれる。だが、これですべての動きが止まるとは思われない。

確かに販売手数料を公開することで、熟知した保険契約者の販売手数料は P_B から P_A に引き下げられ、改善した状態に向かっていく。一方、無知な保険契約者の販売手数料は P_B のままである。乗合代理店が提供する情報量が違うのだから、当然の結果である。

ところが、無知な保険契約者は販売手数料が異なることに強い不満を感じるであろう。別の顧客に低い販売手数料が設定され、こちらには高い販売手数料が課されることに憤りさえ感じるであろう。なぜなら、保険に対する理解度の違いがもともと十分に認識できていないからである。

そのため、無知な保険契約者は熟知した保険契約者と同じ低い販売手数料を求めるが、それでは適切な保険商品が選択できないままとなる。乗合代理店との間で十分な調整ができず、適切な情報が提供されない状態に陥ってしまう。

たとえ金融庁が両者の間に介入しても、有効な結果をもたらすことはあり得ないであろう。無知な保険契約者に高い販売手数料の保険商品を推奨するように乗合代理店を指導するのは不可能に近いからである。

したがって、販売手数料が公開されても、無知な保険契約者には適切な情報が提供できないうえ、監督機関である金融庁が調査に入っても何の効力も発揮できない。それゆえ、販売手数料は非公開にしておくのが良いという結論が導き出される。

図表 4-2 はいま説明した内容を整理したものであり、販売手数料の公開状況が保険契約者にどのような影響をもたらすかがまとめられている。販売手数料が非公開ならば熟知した保険契約者が不利益を被るおそれがある。しかしながら、監督機関の指導があればその問題は解消される。

それに対して販売手数料が公開されると、無知な保険契約者が無理解から不適切な行動を起こし、乗合代理店との間で調整が難航する。しかも、監督機関が介入しても適切な行動を取るのは難しい。

以上のことから命題１の「販売手数料の非公開」の妥当性が説明できたこ

図表 4-2　販売手数料の公開状況が保険契約者に及ぼす影響

	無知な保険契約者	熟知した保険契約者	監督機関の監視
販売手数料の非公開	適切な行動	不利益のおそれ	有効
販売手数料の公開	不適切な行動	適切な行動	無効

とになる。

(3) 長期的視点から見た「販売手数料の公開」の妥当性

こうして単純なモデルから、報告書のなかで指摘された販売手数料の非公開を肯定する結論が導き出された。この結論は、あくまでも保険知識を十分に持たない無知な保険契約者が存在することを前提にしながら得られたものである。

しかも、無知な保険契約者は保険知識を深めるような学習を一切行わないことを条件としている。その意味では短期的視点に立った分析である。

だが、時間とともに保険教育が多くの人々の間に浸透すれば、保険に対する知識は深まり、無知な保険契約者も次第に熟知した保険契約者に変わっていく。そのときには販売手数料の非公開という制約は取り払われ、公開されることになろう。

保険市場を取り巻く環境の変化は保険契約者だけにとどまらず、乗合代理店にも及んでいく。販売手数料が公開されれば、あらゆる関係者からも厳しい視線にさらされるため、できる限り業務上のコストを引き下げる努力が続けられる。

図表4-3はそうした長期的視点から見た保険市場を先ほどの図表4-1をベースにしながら描いたものである。ここでは保険知識の高まりから需要曲線は下方にシフトし、さらに乗合代理店によるコスト削減の経営努力から供給曲線も下方にシフトしている。

例えば、無知な保険契約者が当初、B点に相当する販売手数料と情報量を受けていたとしよう。ここで需要曲線が下方にシフトすると、A点に相当する販売手数料P_Aと情報量I_Aが新たに決定づけられる。これは熟知した保険契約者に相当する均衡点である。

しかも、供給曲線も下方にシフトするため、最終的に決定づけられるのはC点である。ほかの点と比較して明らかなようにこの点に対応する販売手数

図表 4-3　販売手数料の公開が及ぼす長期効果

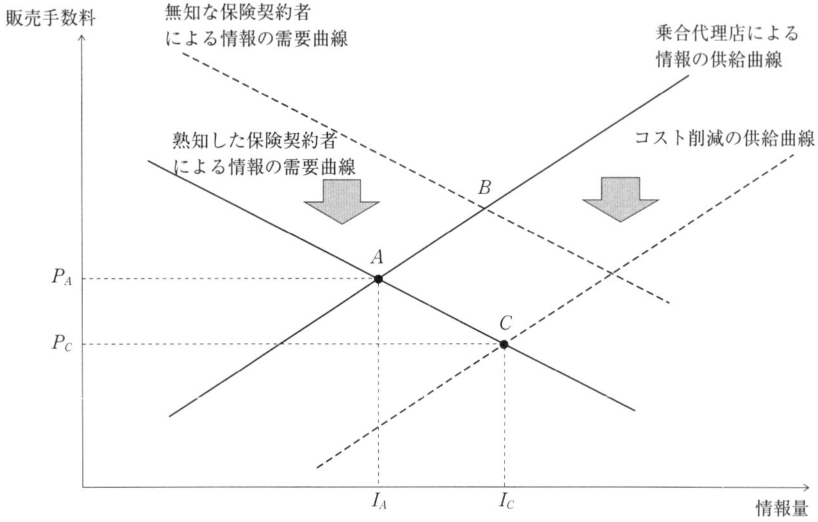

料 P_C は最も低く、情報量 I_C は最も高い。したがって、長期的視点から眺めれば販売手数料の公表は保険契約者に好ましい結果をもたらす。

これにより長期的には販売手数料を公表せざるを得ないという、第 2 命題の「販売手数料の公開」の妥当性が説明できたことになろう。

第 3 節　販売手数料をめぐる代替的解釈

(1) 供給者側の販売戦略

いままで販売手数料は乗合代理店が保険契約者に提供する情報の報酬であると定義づけながら分析を進めてきた。こうした定義は保険商品が円滑に販売されるうえで、基本的に正しい捉え方であると思われる。

だが、あくまでも消費者の立場から見た考え方であり、通常の経済理念から導き出された単なる理想の姿にすぎないかもしれない。販売手数料が非公開のもとでは、保険商品を販売する乗合代理店をはじめとする保険関係者だけが真実を知っていることになる。

そこで、次に保険供給者側の立場から見た販売手数料の決定について触れてみたい。金融審議会の報告書では、議論のなかで「募集手数料について、顧客に理解可能な形での開示が困難であり、結果として誤った情報を与えることになる、手数料の多寡は、顧客ニーズと保険商品が合致しているかどうかや顧客が支払う保険料には直接の関係はない」（「報告書」20頁）との意見が出されたことを記している。

議論に参加した保険代理店協議会の出席メンバーから、「保険会社の販売戦略として、われわれに販売して欲しい商品の手数料を高く設定することが考えられることから、商品性だけでなく手数料も比較するようになれば、顧客にとって何の商品が最適なのか分からなくなってしまう」（「保険毎日新聞」2013年10月10日付）との発言も聞かれる。

また、日本経済団体連合会の出席メンバーは、「顧客ニーズを踏まえながらもある程度自社の利益を考えて販売戦略を進めていくのはビジネスでは当然のことであり、それをとがめて手数料開示を義務付けるのは行き過ぎではないか」（「保険毎日新聞」2013年9月3日付）と主張している。

もちろん、出席メンバーの弁護士から「すべての消費者が自分に最適な保険を買えるようになるのが理想の姿であり、そのためにはより消費者に近い立場の仲介者が必要だが、金融庁は乗合代理店がそうした役割を果たしてくれることを望んでいるかもしれない」（「保険毎日新聞」2013年9月17日付）との指摘もある。

こうした販売手数料をめぐる議論を振り返ると、顧客本位の販売姿勢を基本に据えながらも、実際は供給者の立場も反映されていることが推察できる。そこで、販売手数料の決定モデルに供給者側の都合から販売手数料がコントロールされる場合の効果について検討したい。

(2) インセンティブ・コミッションの弊害

図表 4-4 では、いままでと同様に保険商品の情報量をめぐる保険契約者の需要曲線 DD と乗合代理店の供給曲線 SS が描かれている。均衡点は A 点であり、販売手数料は P_A、情報量は I_A となる。

ここで注目しなければならないのは新しい供給曲線 $S'S'$ である。本来の供給曲線 SS に保険会社側の販売戦略から一方的に販売手数料が上乗せされ、上方にシフトしている。そのため、均衡点は B 点となり、販売手数料は P_B、情報量は I_B となる。

供給者側の経営方針に従うと、販売手数料は（$P_B - P_A$）だけ上昇するが、情報量は（$I_A - I_B$）だけ減少する。消費者から見れば、販売手数料が増えれば情報量も増えることを期待するが、まったく逆の現象が生じてしまう。顧客である保険契約者を納得させるためではなく、それとはまったく無関係な行動を供給者側が取るために、このような矛盾した結果が生じるのである。

保険会社の販売戦略に対して乗合代理店が素直に対応する限り、インセン

図表 4-4　保険会社の販売戦略による影響

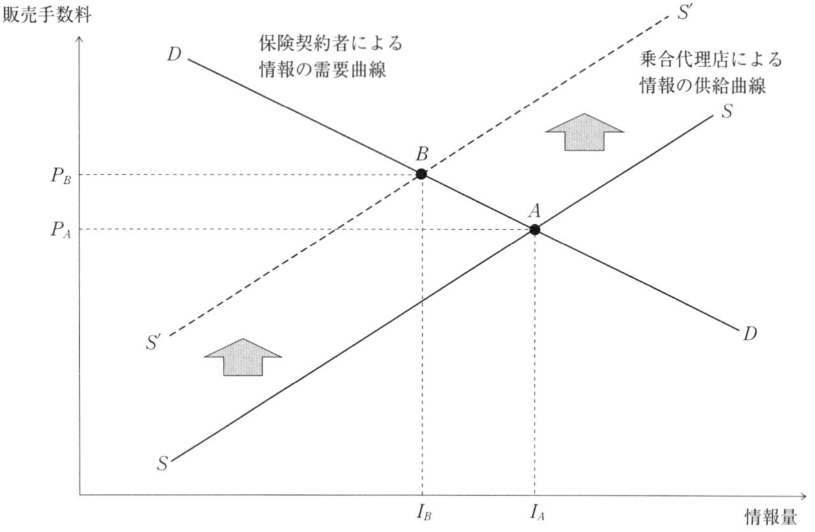

ティブ・コミッションは供給者側にとって都合の良い販売手法なのかもしれない。だが、消費者である保険契約者を納得させるのは難しいように思える。

もちろん、販売手数料を公表すれば、こうした現象は薄らぐであろう。保険契約者が、自らが望む情報量に相当する以上の販売手数料が課されていることに気づくからである。無駄な資金が供給者側に流れていくことを知れば、顧客の行動は当然ながら変わるであろう。

そのとき、保険会社はインセンティブ・コミッションによる販売戦略を転換せざるを得なくなる。長期的に見れば供給曲線は徐々に下方にシフトし、最終的には保険契約者が望む情報量に相当する販売手数料に落ち着くことになろう。

第４節　銀行窓口での比較

銀行、証券会社、保険会社が金融サービス産業として一体化されるなかで、金融商品の競合性が急速に高まっている。とりわけ、保険商品では貯蓄型保険が他の金融商品との競合性を高め、両者の利回りを比較する傾向にある。

また保険商品の販売チャネルは多様化し、営業職員や代理店のほかに銀行窓口販売も顧客が接する主要なルートとして成長している。今日の銀行は、保険商品と同様に投資信託も窓口で積極的に販売している。

一方、わが国は少子高齢化の進展から公的年金の脆弱性が叫ばれつつある。多くの人々は自分自身による老後対策として、公的年金の補完手段について真剣に考え始めている。銀行窓口で販売される預金、投資信託、保険商品はまさに老後の有力な準備手段として位置づけられている。そのため、保険商品も他の金融商品と比較しながら選択される傾向にある。

そうであるならば、単に名目利回りだけでなく、実質利回りを決定づける手数料の比較も重要な選択基準として挙げられる。金融商品のなかで、銀行窓口で販売される投資信託はすでに手数料が開示されている。それにもかかわらず、保険商品の手数料が非公開のままでは、選択する立場の人々にとって不都合であろう。

また、銀行窓口で販売する人たちも、顧客に向けて保険商品を積極的に勧めにくい。銀行窓口販売の魅力は金融商品の比較にあるが、手数料が比較できないまま、保険商品を販売するのはためらいを感じるであろう。

わざわざ証券会社や代理店などに足を運ばなくても、銀行窓口に訪れさえすればそれぞれの金融商品の相対的な魅力が一度で把握できる。ところが、保険商品だけが手数料を非公開のままであり続ければ、銀行窓口販売のメリットも薄れてしまう。

過去において、生保業界では企業秘密という理由から三利源の開示を頑なに拒み続けてきた時代があった。しかし、2006年3月期決算から主要生保は一斉に三利源の開示に踏み切り、今では当然のこととして決算のたびに発表されている。こうした動きを見ると、いずれ販売手数料の公開も同じ展開が繰り返されるのではないかと思わざるを得ない。

第5章

生保の株価と金利感応度の関係

第1節　生保の金利変動リスクをめぐる研究

銀行を中心とした金融機関の株価と利子率の関係を分析した論文は多いが、生保を対象にした研究は少ない。だが、生保は絶えず金利変動リスクにさらされているため、この分野の研究は他の金融機関以上に必要である。

そのなかで小藤（2014）は、株式会社生保で上場している第一生命とT&Dホールディングスの株価を取り上げ、利子率が株価にどのような影響をもたらしているかを分析している。結論は、資産負債総合管理が浸透することで、金利変動リスクの影響が弱まっているという内容である。

具体的には、長期国債を大量に保有することでデュレーション・ギャップをゼロに近づけ、利子率変化の影響を回避していると判断している。その際、株価変化率を被説明変数に取り、利子率変化率を説明変数にした一般的な重回帰分析から実証分析を試みている。

その一方で、金融工学の発展から金融機関の株価分析は、Engle（1986）が考案したARCHモデル（Autoregressive conditional heteroscedasticity model）を出発点としながら、Bollerslev（1986）によって一般化されたGARCHモデル（Generalized ARCH model）を援用した分析が行われている。

株式収益率の変動は標準偏差で把握され、それをボラティリティと呼んでいる。従来の分析では、ボラティリティを一定としたモデルを前提にしながら展開されてきた。ところが、金融機関の株価を扱った最近の計量分析では、ボラティリティが時間とともに確率的に変動すると考えている。

ARCH モデルならびに GARCH モデルは、こうしたボラティリティの時間的変動を明示的に取り入れたモデルである。そこで本章ではボラティリティ変動モデルを用いて、生保を対象にした株価と利子率の関係を分析していくことにしたい。

第2節　GARCH モデルによる計測式

新たな計測式は、従来の推定式に条件付分散推定式を加えた標準的な GARCH（1, 1）モデルに基づくものであり、次のように定式化される。

$$R_t = \alpha_0 + \alpha_1 R_{m,t} + \alpha_2 r_t + \alpha_3 r_{t-1} + \varepsilon_t \qquad (1)$$

$$\sigma_t^2 = \beta_0 + \beta_1 \varepsilon_{t-1}^2 + \beta_2 \sigma_{t-1}^2 \qquad (2)$$

（記号）

R_t ＝現時点の生保の株価変化率

$R_{m,t}$ ＝現時点の日経平均株価変化率

r_t ＝現時点の利子率変化率

r_{t-1} ＝１期ラグの利子率変化率

ε_t ＝現時点の残差

σ_t ＝現時点の予測分散

（1）式は生保の株価変化率の推定式であり、日経平均ならびに現時点と１期ラグの利子率変化率によって決定づけられることを表している。(2) 式は条件付分散推定式であり、２つの要因から構成されている。

ひとつは１期前から得たボラティリティの情報であり、それは（1）式から生じた残差平方のラグ（ε_{t-1}^2）として計測され、ARCH 項と呼ばれる。も

うひとつは1期前の予測分散（$\sigma_{t-1}{}^2$）であり、GARCH項と呼ばれている。

GARCH（1, 1）という表記のカッコ内の最初の数値1は1次の自己回帰GARCH項を意味し、後ろの数値1は1次のARCH項を表している。なお、条件付分散推定式でGARCH項がない場合、GARCH（0, 1）となり、それはARCHモデルになる。このことからもGARCHモデルはARCHモデルを一般化したものであることがわかる。

第3節　2つの生保を対象にした計測結果

(1) データの説明

計測にあたって利用する株価変動と金利変動のデータは、日次データによる株価対前営業日比（%）ならびに10年物国債流通利回り対前営業日比（%）である。

対象とする生保の株価は第一生命とT&Dホールディングスであり、計測期間はそれぞれの生保が上場した時点を出発点としている。したがって、第

図表5-1　2生保のデータに関する記述統計量

	第一生命	T&D
データ数	735	2,206
平均	▲0.00	▲0.01
メディアン	▲0.08	0.00
最大	9.06	16.50
最小	▲18.87	▲47.83
標準偏差	2.48	3.05
歪度	▲0.35	▲1.75
尖度	7.60	32.85
Jarque-Bera	661.73	83,029.21

（注）▲はマイナスを示す。

一生命の計測は2010年度から始まり、T&Dホールディングスは2004年度以降を計測の対象としている。

図表5-1は、ここで取り扱う2生保のデータの記述統計量を整理したものである。データ数、平均、メディアン、最大、最小、標準偏差、歪度、尖度、Jarque-Beraの数値が生保ごとに並べられている。

このなかで歪度、尖度、Jarque-Beraの数値に注目すると、生保株の分析は、過去に行った重回帰分析よりもGARCHタイプの計測方法のほうが妥当することがわかる。

(2) 第一生命の計測結果

まず、図表5-2に整理された第一生命の計測結果から見ていこう。2010年度から2012年度までの3カ年度を計測期間としながら、2010年度から2011年度までの前期と、2012年度の後期に分けながら計測結果が整理されている。

ここで注目しなければならないのは、国債流通利回り変化率の係数α_2とα_3である。前半の計測結果を見ると、係数α_2はプラスであるが、1%有意の水準を満たしていない。それでも係数α_3はプラスで1%有意である。このことから、株価は利子率変化の影響を受けていると判断できる。

ところが、後半の計測結果を見ると、係数α_2も係数α_3もプラスであるが、ともに1%有意の水準を満たしていない。すなわち、この時期から資産負債総合管理が徐々に浸透し、利子率変化の影響を受けにくい生保に変わっていったと解釈できる。

また、このモデルではARCH項の係数β_1とGARCH項の係数β_2にも注目する必要がある。前期の計測結果は2つの係数とも1%有意の水準を満たしているが、後半の計測結果はその基準を満たしていない。

このことから、前半から後半にかけて利子率変化を含めた外部からのあらゆるショックを吸収する生保に転換しているといえる。それ以前ならば、利

図表 5-2　第一生命の株価を対象にした GARCH（1, 1）の計測結果

	《前期》 2010 年度～2011 年度	《後期》 2012 年度
(α_0)		
定数項	▲0.07	▲0.02
z 値	▲0.84	▲0.18
判定	[ ]	[ ]
(α_1)		
日経平均株価変化率	1.31	1.45
z 値	24.36	16.92
判定	[*]	[*]
(α_2)		
国債流通利回り変化率	0.07	0.13
z 値	1.86	2.46
判定	[ ]	[ ]
(α_3)		
国債流通利回り変化率（1 期ラグ）	0.07	0.07
z 値	2.85	1.47
判定	[*]	[ ]
(β_0)		
定数項	1.47	0.64
z 値	3.75	0.35
判定	[*]	[ ]
(β_1)		
ARCH 項	0.17	▲0.02
z 値	4.04	▲0.48
判定	[*]	[ ]
(β_2)		
GARCH 項	0.41	0.76
z 値	3.21	1.03
判定	[*]	[ ]
自由度修正済み決定係数（$adj\text{-}R^2$）	0.40	0.59
データ数	490	245
モデルの診断統計量		
平均	0.01	0.00
標準偏差	1.00	1.00
歪度	▲0.40	0.33
尖度	5.78	3.90
Jarque-Bera	170.27	12.65
Q(24)	29.88	13.93
Q^2(24)	17.86	24.90

（注）網掛けと＊は z 値の 1% 有意を示す。▲はマイナスを示す。

子率の変化から株価は現時点だけにとどまらず、その後もショックの影響を受けていたが、今日ではそのような姿が薄れているのが確認できる。

(3) T&Dホールディングスの計測結果

次に、図表5-3に整理されたT&Dホールディングスの計測結果を見ることにしよう。ここでは2004年度から2010年度までを前期とし、2011年度から2012年度までを後期として分類している。

前期を対象にした計測結果を見ると、国債流通利回り変化率の係数 α_2 と α_3 はともにプラスで、1%有意の水準を満たしている。このことから利子率変化の影響を受けているといえる。

だが、後期の計測結果を見ると、係数 α_2 と α_3 はともにプラスであるが、1%有意の水準を満たしていない。このことから、先ほどの第一生命の場合と同様に、資産負債総合管理の影響から徐々に利子率変化を受けにくい構造に変わっていったと思われる。

また、ARCH項の係数 β_1 とGARCH項の係数 β_2 を見ると、前期はともに有意な結果が得られているが、後期では係数 β_2 がその条件を満たしていない。このことからも、外部からのショックを受けにくい構造に転換していることがわかる。

第4節　資産負債総合管理の有効性

すでに小藤（2014）において生保の株価と利子率の関係について実証分析が行われ、利子率の変動を生保の株価が受けにくい構造に転換しつつあることを確認している。そのアプローチは、単純な重回帰分析に従って計測したものである。

本章では金融時系列分析の領域で多用されているGARCHモデルに注目し、生保の株価と利子率の関係を再考している。そこから得られた計測結果は、

図表 5-3　T&D の株式収益率を対象にした GARCH（1, 1）の計測結果

	《前期》 2004 年度～2010 年度	《後期》 2011 年度～2012 年度
(α_0)		
定数項	0.01	▲0.19
z 値	0.25	▲0.54
判定	[ ]	[ ]
(α_1)		
日経平均株価変化率	1.06	1.35
z 値	40.37	4.30
判定	[*]	[*]
(α_2)		
国債流通利回り変化率	0.03	0.03
z 値	1.59	0.18
判定	[ ]	[ ]
(α_3)		
国債流通利回り変化率（1 期ラグ）	0.09	▲0.02
z 値	4.16	▲0.18
判定	[*]	[ ]
(β_0)		
定数項	0.14	4.14
z 値	5.71	0.76
判定	[*]	[ ]
(β_1)		
ARCH 項	0.09	▲0.00
z 値	8.95	▲7.94
判定	[*]	[*]
(β_2)		
GARCH 項	0.89	0.59
z 値	75.23	1.12
判定	[*]	[ ]
自由度修正済み決定係数（$adj\text{-}R^2$）	0.39	0.28
データ数	1,714	491
モデルの診断統計量		
平均	▲0.01	▲0.01
標準偏差	1.00	1.00
歪度	0.07	0.07
尖度	5.38	5.38
Jarque-Bera	404.83	404.83
$Q(24)$	35.64	35.64
$Q^2(24)$	25.67	25.67

（注）網掛けと＊は z 値の 1％有意を示す。▲はマイナスを示す。

アプローチが異なっていてもまったく同じであった。株価が利子率の影響を受けにくい体質に変わっていることが確認できた。

1990年代後半に始まった逆ざや問題から、8つの生保が破綻していった。その教訓から、資産側デュレーションと負債側デュレーションを合わせる資産負債総合管理が実行に移されているのであろう。それによりデュレーション・ギャップが縮小し、利子率の影響を受けにくい構造に転換していると考えられる。

以上のことから、計測方法が異なっても得られる結論は変わらず、生保の資産負債総合管理の有効性が確認できたといえる。ただ、どちらの方法も対象とする生保の数に限界がある。たった2社の生保を対象にしただけで結論づけるのは、無理があるように感じられるかもしれない。

だが、どの生保も共通して長期国債を大量に保有する傾向は変わらない。これによる、資産側デュレーションの長期化から、デュレーション・ギャップは確実に縮小化している。したがって、他の多くの生保も同じように金利変動リスクを回避する傾向が読み取れるであろう。

第6章

保険会社の経営行動とケータリング理論

第1節　ケータリング理論の研究

(1) 保険会社の株価分析

保険会社の形態は複雑である。わが国の損保は大手であれ中堅であれ、株式会社形態を採用しているが、生保は大手を中心に相互会社形態が主流である。しかし、最近では大手生保のなかでも相互会社から株式会社へ転換する会社が目立つようになった。

いうまでもなく株式会社である限り、上場会社の経営者は絶えず株価の動きに注意を払わなければならない。ところが、わが国の保険会社は株式会社であっても上場会社が少ないので、全体的には株価を意識する行動があまり見られないように感じる。

一方、米国では株式上場の保険会社が圧倒的に多いため、株価の動きは保険経営を展開するうえで大きな刺激要因となっている。それゆえ、株価に絡めた保険の経営分析が盛んに繰り広げられている。

例えば、売上高に相当する収入保険料と株価の関係について分析した研究が存在する。その代表として Ma and Ren (2012) の論文が挙げられる。そこでは損保を対象にしながらも、収入保険料の動きに対して株価が敏感に反応する会社ほど収入保険料を増やす傾向にあることを、データから見出している。

つまり、株価が収入保険料の変化に対して大きな動きをするならば、保険会社は株価を上昇させる手段として収入保険料を拡大させていると解釈できる。まさに株式投資家の機運（investor sentiment）に迎合（catering）するかのような経営を展開していることになる。

米国ではこうした動きが一般企業にも見られるようであり、この現象をケータリング理論（catering theory）として扱っている。この理論は、株式投資家の行動が企業の意思決定に影響を与えることから、行動ファイナンスのひとつの研究領域として展開している。

先駆的な研究として、Baker, M., and J. Wurgler（2000, 2002, 2004a, 2004b）が挙げられる。彼らの一連の論文では、一般企業を対象に株式市場の動向（market timing）が企業の財務戦略や配当政策に影響を及ぼすことを確認している。

行動ファイナンスの研究はあらゆる領域に広がりを見せているが、残念なことに保険会社に絞った分析は少ないのが現状である。それゆえ、本章ではMa and Ren（2012）を参考にしながら、わが国の保険会社がケータリング理論に従い株式市場の影響を受けているか否かを調べていくことにしたい。

(2) 保険会社の経営行動

もしケータリング理論が保険会社にそのまま適用できれば、株価の反応度に応じて収入保険料を決定づける経営行動を採用していることになる。

本来ならば社会のニーズに応じて保険商品を販売し、そのことが収入保険料の増大となって最終的に株価が上昇する。保険契約者のニーズに応じるのが本来の経営者の行動である。株価の引き上げだけを目的とする経営行動はあり得ないであろう。

ところが、経営理念に反して株価の引き上げ手段として収入保険料の増大を目指すような短絡的な経営行動を取れば、それは株式投資家の要求に応えるための経営となり、保険契約者をはじめとする多くのステークホルダーの存在が薄れてしまう。これでは本末転倒の経営になってしまう。

しかも厄介なことに、株価だけを意識した短期的な経営行動を取れば、手段としての売上高を意識するあまり、大量のリスクを抱え込むおそれも生じる。最悪の場合、リスクが現実のものとなれば破綻に結びつくであろう。

わが国において1997年から2001年にかけて戦後初の生保危機が発生し、7つの中堅生保が連続的に破綻した。破綻生保は保険業界でのランキングを過度に意識したために、収入保険料の拡大を目指す経営を展開していたのである。

ところが、規模の拡大は当初の目的であるランキングの引き上げ効果をもたらしたが、逆ざやリスクも大量に抱え込んでしまい、最終的に経営が行き詰まってしまった。この事例はここで扱う株価でなく業界ランキングが目標となっているが、どちらも収入保険料が偏った目標を達成するための手段として用いられている点では同じであろう。

生保危機を振り返ることからも、ケータリング理論は保険会社の経営行動を探るうえでかなり興味深い研究といえる。早速、わが国の保険会社を対象にしながら調べていくことにしたい。

第2節　収入保険料と株価の関係

(1) 収入保険料が株価に及ぼす影響

保険会社の経営行動を分析する場合、生保と損保を分けたほうが好ましい。そのほうが正確な分析ができるであろう。だが、わが国では生損保の業態にかかわらず上場保険会社が少ない。そのため、ここでは生保と損保を合わせ、わが国の保険会社として分析していく。

また、損保の場合、持株会社の傘下に無視できない規模の生保も抱えている。それゆえ、生保と損保を合わせて考察することは必ずしも矛盾しているわけではないであろう。

分析の対象となる保険会社は生保2社、損保3社の合計5社である。生保2社とは第一生命、T&Dホールディングスであり、損保3社とはMS&ADインシュアランスグループホールディングス、東京海上ホールディングス、損保ジャパン日本興亜ホールディングスである。

そのほかにも上場保険会社は存在するが、規模が小さ過ぎたり、あるいは主要業務が保険以外のものを含んでいるため除外している。

計測期間は2010年3月末から2013年3月末までであり、株価ならびに収入保険料の対前年比を採用している。年次データであるうえ、期間が短く、途中から上場した保険会社も含んでいるため、パネルデータの個数は少ない。しかも異常値として1個のデータを取り除いているため、総数は15個である。なお、章末の付録6（A）（B）では主要保険会社の決算データが整理されている。

これらのデータを用いながら、最初に収入保険料が株価に与える影響から確認したい。そこで、株価変化率を被説明変数、収入保険料変化率を説明変数に取った回帰式を計測することにしよう。結果は次の通りである。

$$\text{株価変化率} = \underset{(0.902)}{0.330} + \underset{(1.896)^{*}}{0.667}\ \text{収入保険料変化率}$$

自由度修正済決定係数……0.156　　F値…………3.594

ダービン・ワトソン比……3.594　　データ数……15

カッコ内……t値　　記号＊……10%有意

予想通り、説明変数である収入保険料変化率の係数はプラスである。収入保険料が増えれば株価も上昇している。ただし、t値は十分なものでなく、通常の1%有意あるいは5%有意の基準を満たしていない。それでも10%有意の基準は満たしているので、両者の関係は成立しているといえる。

(2) 株価反応と経営行動

収入保険料が株価に及ぼす効果が確認できたところで、次に各社の株価変化率／収入保険料変化率と収入保険料変化率の関係を探っていくことにしよう。ケータリング理論が当てはまれば、株価変化率／収入保険料変化率に合わせるように保険料収入変化率も動いていくであろう。

つまり、保険料収入が増えることで株価が上昇する傾向が強ければ、保険会社の経営陣は、株主たちの要求に応えるかのように株価を引き上げる手段として収入保険料の拡大に励んでいくと考えられる。

データ上の制約が多少残るが、各年度ごとに株価変化率／収入保険料変化率の平均値と収入保険料変化率の平均値を並べることで、全体の姿を眺めてみたい。図表6-1はそのために描いたものである。

これを見る限り、両者の間には関係が見出しにくい。同じ方向に動いているようにも見えないし、反対方向に動いているようにも見えない。それゆえ、無相関であるといえる。

そのことを確認するため、図表6-2では縦軸に収入保険料変化率、横軸に株価変化率／収入保険料変化率を取り、両者の相関図を描いている。この図を見ても、相関関係は限りなくゼロに近いことがわかる。

さらに、収入保険料変化率を被説明変数、株価変化率／収入保険料変化率を説明変数に取った回帰式を計測してみよう。結果は次の通りである。

収入保険料変化率＝1.253　＋　▲0.220　株価変化率／収入保険料変化率
(5.981)＊＊　(▲1.045)

自由度修正済決定係数……0.006　　F値…………1.092

ダービン・ワトソン比……1.636　　データ数……15

カッコ内……t値　　記号＊＊……1%有意

記号▲……マイナス

図表 6-1　株価変化率と収入保険料変化率の推移

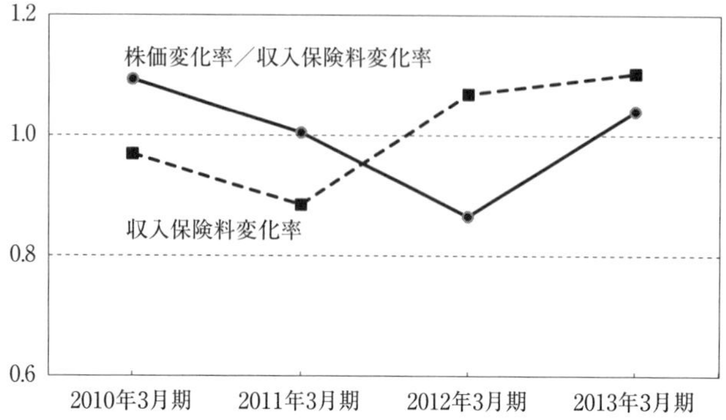

図表 6-2　株価変化率と収入保険料変化率の相関図

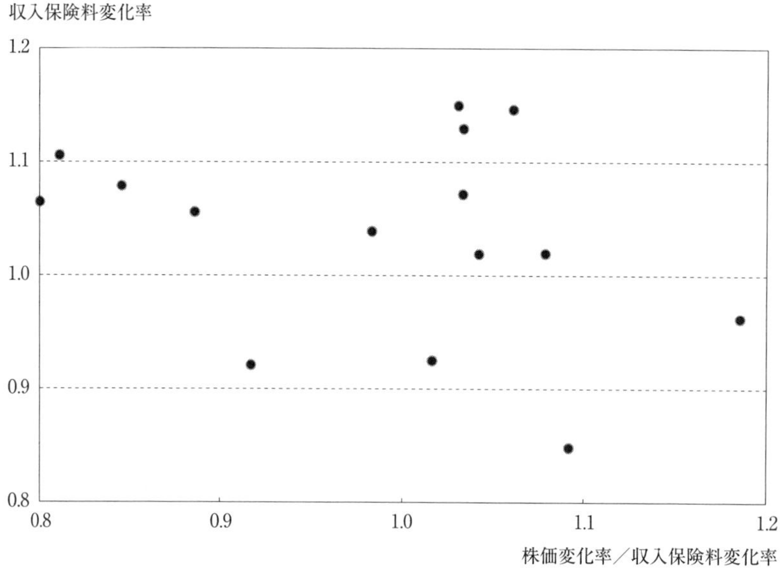

この回帰式で注目すべき値は、説明変数である株価変化率／収入保険料変化率の係数である。この係数の t 値を見ると有意な値が得られていない。10％有意の条件さえも満たしていない。それゆえ、この係数はゼロと解釈できる。

しかも自由度修正済決定係数ならびに F 値はきわめて低い数値が出ている。したがって、両者の変数の間には有意な関係が見出されないと結論づけられる。

第3節　ストックオプションの影響

保険会社は、保険商品を販売しリスクを負担することで、われわれの経済活動を円滑に進める役割を果たしている。もし保険が存在しなければ経済活動は不安定なものになり、持続的な成長は望めないであろう。

そう考えれば、保険業は絶えず今日の実態経済を正確に把握するとともに、将来の動きも捉えながら保険商品を販売するように努めなければならない。そうした長期的視点に立った経営姿勢は生保であれ、損保であれ、同じであろう。

もし保険会社がそうした本来の経営を放棄し、短期的視点に立った運営に切り替えれば保険会社の経営だけでなくマクロ経済も不安定なものになるであろう。そのことは一般企業にも当てはまると思われる。

ところが、米国の企業では短期的視点に立った経営が展開される傾向が強い。株価を注視しながら短期的な経営方針を決定づけるケータリング理論は、まさに米国企業を背景にしながら生み出されている。

その理論を支える経営環境として、ストックオプション（株式購入権）の浸透が挙げられる。会社は、株式を前もって決められた価格で購入できる権利のストックオプションを役員等に報酬として割り当てている。

自社株が値上がりすれば差益が得られる仕組みになっており、これにより企業に向けた取組意欲が高まる効果が期待されている。

確かにストックオプションが経営活動にとって刺激を与える効果を持つことは、誰もが認めるであろう。ただ、株価が権利行使価格を上回りさえすれば差益が得られるため、経営活動はどうしても短期的な視点から決定づけられるおそれが生じる。

米国の保険会社も、一般企業と同様に経営者に報酬としてストックオプションを与えている。そのため、経営者たちは長期的視点から経営を展開するよりも、ストックオプションから生じる差益の獲得を意識して短期的視点の経営に向かっていく傾向が強い。

そのことが株価の動きに敏感に反応した経営を展開しているのであろう。つまり、収入保険料変化率に対して株価が敏感に反応する保険会社の経営陣は、短期的に株価を釣り上げるために収入保険料の拡大戦略を取る。保有するストックオプションから株式の値上がり益が得られるからである。

わが国の保険会社もようやくストックオプションを経営者に報酬として割り当てるようになった。これにより、業績拡大に向けた仕事への意欲の高まりが期待されている。しかし、米国に比べれば規模や浸透の度合などから見てまだ未成熟な段階にある。

その結果、本章で明らかにされたようなケータリング理論に反する計測結果が得られたものと考えられる。株価を意識した短期的視点に立った経営は、米国と違い、わが国の保険会社には当てはまらないと結論づけられる。

だが、ストックオプションが幅広く用いられるようになれば、経営者の意識も徐々に米国の経営者と同じようになるかもしれない。そのときには、ケータリング理論がそのまま当てはまるようになるであろう。

付録6（A） 主要保険会社の決算データ

1. MS&ADインシュアランスグループホールディングス

決算期	2010年3月期	2011年3月期	2012年3月期	2013年3月期
(1) 財務データ（百万円）				
収入保険料	1,962,689	3,404,942	3,764,986	4,315,787
経常利益	52,695	21,005	▲96,211	150,300
当期利益	37,640	5,420	▲169,469	83,625
総資産	7,519,625	11,445,003	14,537,204	15,914,663
純資産	1,311,082	1,633,381	1,512,134	2,021,625
(2) 投資データ（円）				
株価	2,595	1,894	1,699	2,066
1株当たり利益	89.84	8.68	—	134.46
1株当たり配当	54	54	54	54
(3) 分析データ（対前年同月比）				
株価変化率	1.14	0.73	0.90	1.22
収入保険料変化率	0.96	1.73	1.11	1.15
株価変化率／収入保険料変化率	1.19	0.42	0.81	1.06

2. 東京海上ホールディングス

決算期	2010年3月期	2011年3月期	2012年3月期	2013年3月期
(1) 財務データ（百万円）				
収入保険料	3,570,803	3,288,605	3,415,984	3,857,769
経常利益	203,413	126,587	160,324	207,457
当期利益	128,418	71,924	6,001	129,578
総資産	17,265,868	16,528,644	16,338,460	18,029,442
純資産	2,184,795	1,904,477	1,857,465	2,363,183
(2) 投資データ（円）				
株価	2,633	2,224	2,271	2,650
1株当たり利益	163.04	92.49	7.82	168.93
1株当たり配当	50	50	50	55
(3) 分析データ（対前年同月比）				
株価変化率	1.10	0.84	1.02	1.17
収入保険料変化率	1.02	0.92	1.04	1.13
株価変化率／収入保険料変化率	1.08	0.92	0.98	1.03

3. 損保ジャパン日本興亜ホールディングス

決算期	2010年3月期	2011年3月期	2012年3月期	2013年3月期
(1) 財務データ（百万円）				
収入保険料	—	2,621,689	2,790,555	2,843,226
経常利益	—	▲6,437	▲51,815	104,783
当期利益	—	▲12,918	▲92,262	43,618
総資産	—	8,981,974	8,893,378	9,178,198
純資産	—	1,079,446	1,000,577	1,283,488
(2) 投資データ（円）				
株価	—	2,172	1,850	1,964
1株当たり利益	—	—	—	105.1
1株当たり配当	—	20	80	60
(3) 分析データ（対前年同月比）				
株価変化率	—	—	0.85	1.06
収入保険料変化率	—	—	1.06	1.02
株価変化率／収入保険料変化率	—	—	0.80	1.04

（注）株式分割について調整済み。▲はマイナスを示す。

付録6（B） 主要保険会社の決算データ（続き）

4. 第一生命保険

決算期	2010年3月期	2011年3月期	2012年3月期	2013年3月期
(1) 財務データ（百万円）				
収入保険料	—	4,571,556	4,931,781	5,283,989
経常利益	—	81,199	225,920	157,294
当期利益	—	19,139	20,357	32,427
総資産	—	32,297,862	33,468,670	35,694,411
純資産	—	731,835	991,745	1,649,020
(2) 投資データ（円）				
株価	160,500	125,300	114,300	126,500
1株当たり利益	—	1,917.40	2,061.78	3,275.48
1株当たり配当	—	1,600.00	1,600.00	1,600.00
(3) 分析データ（対前年同月比）				
株価変化率	—	—	0.91	1.11
収入保険料変化率	—	—	1.08	1.07
株価変化率／収入保険料変化率	—	—	0.85	1.03

5. T&Dホールディングス

決算期	2010年3月期	2011年3月期	2012年3月期	2013年3月期
(1) 財務データ（百万円）				
収入保険料	2,348,937	1,993,089	2,104,107	2,418,959
経常利益	80,586	94,980	120,889	151,689
当期利益	24,292	23,877	26,763	63,733
総資産	12,878,774	12,740,740	12,861,065	13,668,719
純資産	630,475	622,027	685,588	919,746
(2) 投資データ（円）				
株価	2,213	2,050	959	1,136
1株当たり利益	82.95	70.12	39.41	94.52
1株当たり配当	45	45	22.5	22.5
(3) 分析データ（対前年同月比）				
株価変化率	0.94	0.93	0.94	1.18
収入保険料変化率	0.92	0.85	1.06	1.15
株価変化率／収入保険料変化率	1.02	1.09	0.89	1.03

（注）株式分割について調整済み。▲はマイナスを示す。

第7章

東日本大震災と堅固な地震保険制度

第1節　地震保険制度と損保株

(1) 大地震の発生と被害状況

千年に一度ともいわれる巨大地震が突如として東北地方太平洋沖に発生したのは、2011年3月11日（金曜日）14時46分であった。震源は三陸沖（北緯38.1度、東経142.9度、牡鹿半島の東南東130㎞付近）の深さ24㎞であり、規模はマグニチュード9.0というわが国で観測された史上最大の大地震であった。

最大震度7の驚異的揺れが宮城県北部を直撃し、さらに震度6強が宮城県南部・中部、福島県中通り・浜通り、茨城県北部・南部、栃木県北部・南部で、震度6弱が岩手県沿岸南部・内陸北部・南部、福島県会津、群馬県南部、埼玉県南部、千葉県北西部で観測された。

地震による激しい揺れから高さ10m以上の巨大な津波が押し寄せ、太平洋沿岸部を中心に壊滅的な被害がもたらされた。緊急災害対策本部の報告（2014）によると、人的被害は死亡1万5,884名、行方不明2,640名、負傷者6,150名、建築物被害は全壊12万6,631戸、半壊27万2,657戸、一部破損74万3,572戸であった。

津波は東京電力福島第一原子力発電所も襲い、1号機・2号機・3号機において炉心溶融（メルトダウン）が発生し、放射性物質が漏洩するといった深刻な原子力事故も起きてしまった。これにより福島県の周辺住民に向けて避難指示ならびに避難要請が出された。

政府は、東北地方太平洋沖地震による災害ならびに原子力発電所事故による災害を「東日本大震災」と呼称することを発表している。本章もこの名称に従い、未曾有の被害をもたらした東日本大震災が損保株にどのような影響を及ぼしたかを分析する。

ここでの関心事は大震災による損保経営への影響であり、とりわけ注目すべきは地震保険制度が果たす役割である。1966 年に創設されたわが国の地震保険制度は幾度かの改正を重ねながら、今日に至っている。

いうまでもなく大震災の発生から保険金支払は巨額に上り、地震保険制度はそうした大地震ショックを吸収する役割がある。株価が損保経営の実態を敏感に反映する限り、地震保険制度に対する評価も損保株の動きによって推測できると思われる。

(2) 大地震と損保株

一般に巨大地震の発生が株価に与える影響を分析する場合、イベントスタディの手法が用いられることが多い。突然、大地震が発生することで多数の家屋が広範囲にわたって倒壊すれば、損保による保険金支払が急増する。株式市場ではその情報が瞬時に反映され、損保株が急激に変動する。その動きを観測することから、損保株の特徴が捉えられる。

そうした大地震を扱った研究として、例えば、Shelor, Anderson and Cross (1992)、Aiuppa, Carney and Krueger (1993)、Aiuppa and Krueger (1995)、Lamb and Kennedy (1997)、Yamori and Kobayashi (2002)、高尾・山崎 (2011) 等が挙げられる。

そのほかに突発的な出来事として大地震のほかに大型ハリケーンの上陸を扱った Lamb (1995)、Lamb (1998)、Ewing, Hein and Kruse (2005) 等の研究もある。また、アメリカで起きた 9.11 同時多発テロの分析も Commins and Lewis (2003)、Marlett, Griffith, Pacini and Hoyt (2003)、Wang and

Corbett (2008)、Chen, Doerpinghaus, Lin and Yu (2008)、Yanase and Yasuda (2010) 等で行われている。

いずれにせよ、保険金支払の予期せぬ急増は損保経営に大打撃を与える。実際、巨額の保険金支払に直面した損保が破綻に至るケースはしばしば見られる。その場合、損保株はマイナスの動きに転じていくであろう。

だが、必ずしも地震をはじめとする大自然災害が起きたときに、損保株が急落するとは限らない。逆に変動を繰り返しながらも株価が上昇する場合もある。なぜなら、リスクを吸収する本来の役割が認識され、売上に相当する収入保険料の増大が期待されるからである。

突発的な大事件を扱ったイベントスタディの研究では、損保株が急落するケースと、反対に上昇するケースがそれぞれ確認されている。そこで、千年に一度といわれる東日本大地震の発生がわが国の損保株にいかなる影響を及ぼしたかを見ていくことにしたい。

その観測結果から、損保経営を支える地震保険制度の働きについて検証していく。地震保険制度が堅固であれば損保株に与える影響は軽微であり、逆に脆弱な体制であれば損保株は大きな変動を示すからである。

大震災ショックを吸収する地震保険制度は、損保経営を安定に導く大事な役割を果たしている。それゆえ、損保株の動きから地震保険制度の姿を観測することは、興味深いアプローチといえよう。

(3) 損保株の中立命題

わが国では、「地震等による被災者の生活の安定に寄与すること」(地震保険法1条) を目的に、官民で形成された非営利の地震保険制度が整備されている。火災保険では地震や噴火、津波による損害が免責となっている。だが、火災保険の特約として地震保険に加入すれば、それらの損害に対して保険金が支払われる。ただし、契約金額に制限が課され、火災保険の30%~50%以内で、しかも上限金額は建物に対して5,000万円、家財に対して1,000万円となっている。

それでも大地震が発生すれば被害は広範囲に及び、壊滅的な打撃を与えるため、損保の支払額は急増し、経営が不安定になるおそれがある。それを回避するため、国が再保険を引き受けている。

こうした政府の信用を基盤にした地震保険制度が設けられていれば、大地震が発生しても損保経営が揺れ動くことはない。被害額が予想以上に巨額であっても、国による再保険制度で経営リスクを回避する仕組みが備わっているからだ。

しかもノーロス・ノープロフィット原則に従っているため、利益を生み出すための保険商品でもない。それゆえ、地震の怖さが人々に認識され、将来にわたって地震保険の加入率に改善が見られても利益にはつながらない。そう考えれば、損保株は必ずしも上昇するわけではない。

したがって、純粋に考えれば、損保株は大地震の発生に対してプラスにもマイナスにも揺れ動かない。まさに損保株の中立命題が成立する。もし、この命題が成立しなければ、株式市場ではわが国の地震保険制度に対して懐疑的な見方を下していたと解釈できる。

第２節以降では、実際に検証していくことにしたい。だが、その前に地震保険制度について簡単に説明し、制度の堅固性を強調する。その後で、イベントスタディの手法を用いながら東日本大震災と損保株の関係について確認していくことにしよう。

第２節　地震保険制度の仕組み

(1) 再保険スキーム

地震保険では、政府が再保険を引き受けることで、巨大損害を吸収する官民一体のシステムが構築されている。民間と政府が保険責任を分担し、地震リスクを吸収する体制が整備されている。日本地震再保険会社「日本地震再保険の現状　2010年版」から、東日本大震災発生当時の地震保険の仕組みについて説明していくことにしよう。

図表7-1は地震保険再保険の流れを示したものである。まず、契約者は損害保険会社と地震保険契約を締結する。次に損害保険会社は日本地震再保険株式会社（地再社）に全額再保険する（A特約）。さらに地再社は元請けの損害保険会社に対してシェア分配による再々保険契約を結び（B契約）、同時に政府（C契約）とも再々保険契約を結ぶ。残りは地再社固有の保有分となる。

こうした再保険スキームに基づく負担額は、図表7-2で示したように決定づけられている。これによると、支払保険金が1,150億円までは地再社が負

図表7-1　地震保険再保険の流れ

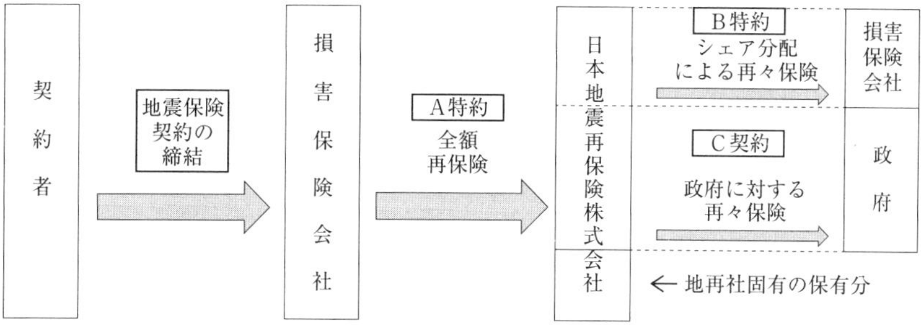

（資料）日本地震再保険会社「日本地震再保険の現状　2010年版」より。

図表7-2　再保険スキームに基づく負担方法

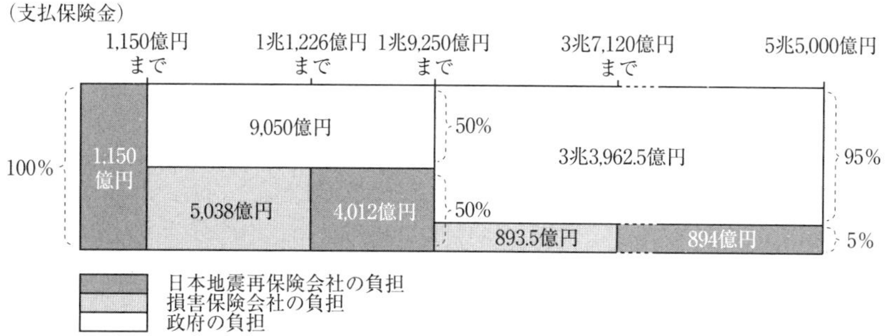

（資料）日本地震再保険会社「日本地震再保険の現状　2010年版」より。

担し、それを超えると、1兆1,226億円までは損害保険会社と政府がそれぞれ50%ずつ負担する仕組みである。次に1兆9,250億円までは政府と地再社がそれぞれ50%ずつ負担する。

さらに支払保険金が増えれば、政府が95%を支払うことになる。民間会社の負担は残りの5%であり、支払額が3兆7,120億円までは損害保険会社が負担し、それ以降は地再社が負担する。保険金の支払限度額は5兆5,000億円であり、この金額を超えた場合、法律によって契約ごとの保険金を削減することができる。

(2) 地震保険の責任限度額と積立残高

この再保険スキームに従うと、それぞれの責任限度額は次のようになる。

〈地震保険の責任限度額〉

日本地震再保険株式会社	6,056 億円
損害保険会社	5,931.5億円
政　府	4兆3,012.5億円
合計（保険金額支払限度額）	5兆5,000 億円

確かに責任限度額は保険金の支払が保障された金額であるが、実際にどれだけの資金が積み立てられているのであろうか。地震保険で契約者が支払う保険料は純保険料部分と付加保険料部分から構成されている。このうち純保険料部分は将来発生する地震の保険金支払に備えて積み立てられている。

具体的に見ていくと、地再社と損害保険会社は地震保険危険準備金として、政府は地震再保険特別会計の政府責任準備金として積み立てている。地震が発生した場合、再保険スキームの責任負担に応じて資金が取り崩され、保険金として支払われていく。

東日本大震災が発生するほぼ1年前に相当する2010年3月末時点の積立

額を見ると、次の通りである。

〈地震保険の危険準備金および政府責任準備金の残高〉

日本地震再保険株式会社	4,967億円
損害保険会社	5,243億円
政　府	1兆2,708億円
合　計	2兆2,918億円

地震保険の責任限度額も大事な数字であるが、むしろ積立残高のほうが地震発生時において重要であろう。なぜなら、保険金を確実に支払える具体的な数字であるからだ。したがって、東日本大震災による地震保険支払額が少なくとも積立残高の合計金額である2兆2,918億円を下回っていれば地震保険は盤石なシステムといえる。

(3) 日本損害保険協会会長の発言

それでは実際に東日本大震災による地震保険支払額はどれほどだったのであろうか。2012年4月2日時点のデータによると、支払件数は約77万件で、支払額は1兆2,241億円であった。

1995年1月17日に起きた兵庫県南部地震（阪神・淡路大震災）も大規模な地震であったが、そのときの地震保険による支払保険金は783億円であった。このことからも、東日本大震災の地震保険支払額は過去に例を見ない金額といえる。

それでも1兆2,241億円という支払額は地震保険の責任限度額の5兆5000億円をはるかに下回っているうえ、積立残高の合計金額である2兆2,918億円に対してもかなり低い金額である。

したがって、地震保険は未曾有の被害をもたらした東日本大震災に対して盤石な体制で臨めていたといえる。日本損害保険協会の鈴木久仁会長（あいおいニッセイ同和損害保険社長）が行った2011年3月17日の定例会見での発言は、まさに地震保険の堅固さを強調したものであった。

その発言内容は、地震保険には政府の再保険が組み込まれていて、今回の地震で損保会社の経営に大きな影響を及ぼすことはないというものであった。それゆえ「保険金の支払いが滞ったり、損保会社の健全性が損なわれることはない」と強調している（ロイターニュース　2011年3月17日）。

正確な支払金額を把握していたわけではないが、地震発生直後に大雑把な金額として1兆円規模の支払いになるであろうという見当はすでに付いていた。したがって、地震保険の責任限度額および十分な積立額から判断すれば、損保経営に与える影響はほとんどないと判断したのである。

こうして見ていくと、東日本大震災が損保株に与える影響は軽微であり、一時的に大きな変動があったとしても最終的には元の水準に戻ることが予想される。まさに地震保険制度が盤石である限り、損保株の中立命題が成立すると考えられる。

そこで、次にこの命題が実際に成立するかどうかをイベントスタディの手法を用いながら確認してみたい。

第3節　イベントスタディの手法と解釈

(1) マーケットモデルによる計測方法

東日本大震災が発生したのは2011年3月11日であるので、その日がイベント日になる。分析の対象となる損保株はわが国を代表する3メガ損保の東京海上ホールディングス、損保ジャパン日本興亜ホールディングス、MS & AD インシュアランスグループホールディングスである。

まず、これら3種類の損保株から株価対前営業日比（%）を求め、それを株式収益率（日次）として扱いながら、以下のようなマーケットモデルを計測していく。計測期間は2010年4月1日から大地震発生前日の2011年3月

10日までの230営業日とする。

$$R_{it}=\alpha_i+\beta_i R_{mt}+e_{it}$$

（記号）

R_{it} ＝損保株 i の t 日の株式収益率

R_{mt}＝日経平均株価の t 日の株式収益率

α_i、β_i＝損保株 i のパラメータ

e_{it}＝損保株 i の t 日の残差項

次に、この計測式から得られた損保株 i のパラメータ（α_i、β_i）を用いて、超過収益率（ER）を求めていく。

$$ER_{it}=R_{it}-(\alpha_i+\beta_i R_{mt})$$

この式から、イベント日の2011年3月11日から同年5月31日までの53営業日にわたる3メガ損保の平均超過収益率（AR）を導き出していく。なお、平均超過収益率がゼロと異なっているかを見るため、過去230営業日のデータから標準化された平均超過収益率（SAR）も求めていく。これは自由度229の t 分布を有していると仮定する。

こうして得られた数値のなかから平均超過収益率に注目し、大地震発生日である3月11日を起点とした累積平均超過収益率（CAR）を求めていく。

以上のことを式で表現すると、次のようになる。

$$AR_t=\Sigma ER_{it}／N$$

$$SAR_t=AR_t／S_t$$

$$CAR_t=\Sigma AR_t$$

（記号）

ER_{it} ＝損保株 i の t 日の超過収益率

AR_t ＝3メガ損保の t 日の平均超過収益率

N ＝3メガ損保の数（＝3）

S_t ＝過去230日のデータから計算された平均超過収益率の標準偏差

SAR_t ＝ t 日の標準化された平均超過収益率

CAR_t ＝イベント日を起点とした t 日までの累積平均超過収益率

章末の付録7（A）では、3メガ損保を対象にした平均超過収益率（AR）、標準化された平均超過収益率（SAR）、累積平均超過収益率（CAR）の計測値がイベント日を含めて53日間にわたって整理されている。これらの数値を取り上げることで分析が行われる。

なお、付録7（B）・（C）では、次節以降で展開する2生保ならびに3メガ銀行を対象にした同様の計測結果がまとめられている。

（2）損保株をめぐる通常の解釈

本章で明らかにしたいのは損保株の中立命題である。堅固な地震保険制度が整備されていれば、大地震が発生しても損保株に及ぼす影響は軽微であろう。そのことを確認するため、累積平均超過収益率に注目することにしよう。

予期せぬ事件として大地震が発生すれば、その直後に損保株はいままでと違った動きを展開するかもしれない。そのことは超過収益率の動きとして反映される。だが、地震保険制度の頑健性が徐々に認識されれば損保株は元の水準に戻ろうとする。

そうすると、超過収益率は下方あるいは上方の変動を繰り返しながらも時間の経過とともに収束していく。したがって、超過収益率の合計値である累積超過収益率は、徐々にゼロに向かっていくであろう。

3メガ損保を対象にした分析ならば、盤石な地震保険制度が市場で認識さ

図表 7-3　3メガ損保の平均超過収益率（*AR*）と累積平均超過収益率（*CAR*）

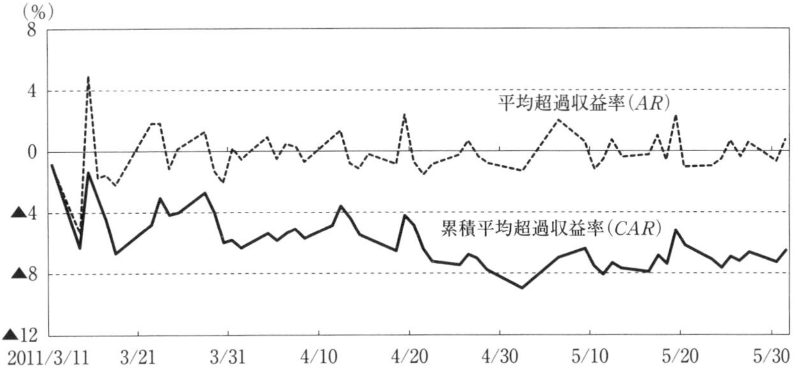

れれば累積平均超過収益率はゼロに収束していく。逆にゼロから乖離した水準に向かえば、地震保険制度に対して懐疑的であったと解釈できる。

図表 7-3 は、イベント日以降の3メガ損保の平均超過収益率と累積平均超過収益率の動きを描いたものである。平均超過収益率の動きを見ると、地震発生直後は大きく変動しているが、時間が経つにつれて小さな変動に向かっている。大地震によるショックが徐々に緩和していることがわかる。

だが、平均超過収益率は上下に変動を繰り返しながらも、マイナスに向かうケースが多いため、累積平均超過収益率はマイナスの幅を広げている。最終的な数値は▲6.59％である。この結果を見る限り、損保株の中立命題は否定されたことになる。そのことは地震保険制度が東日本大震災に対して脆弱であったと解釈される。

すでに確認したように、大震災による支払額を十分に上回るほどの準備金が積み立てられているので、地震保険制度は盤石である。それゆえ、損保経営はショックを吸収できる体制にあった。

それにもかかわらず、累積平均超過収益率はマイナスの値に収束している。なぜ損保株はマイナスに向かっていったのであろうか。

(3) 生保株を対象にした分析

損保株の中立命題が成立しなかった理由を探るため、今度は生保株に注目していきたい。生保も東日本大震災の影響を受け、多額の保険金支払に応じている。生命保険協会の発表によると、東日本大震災による保険金支払件数は2万1,027件で、支払金額（死亡保険金）は1,599億3,445万円であった（2013年3月末時点）。

支払金額のうち災害死亡保険金は504億6,509万円であった。災害死亡保険金とは、不慮の事故等で死亡した場合に普通死亡保険金に上乗せして支払われるものである。通常は地震等による災害関係保険金・給付金について免責条項があるため、支払う必要がない。

だが、東日本大震災ではこの免責条項を適用せず、全額を支払っている。損保は火災保険だけの加入者に対して地震等による支払は免責の対象としたが、生保に限って寛大な措置が取られた。そのため、支払金額は契約上の金額よりもかなり増えている。

そこで、大地震による予期しない支払増加が生保経営に与えた影響を見るため、損保の場合とまったく同様の条件でイベントスタディの手法をそのまま適用したい。そこで、代表的な株式上場生保として第一生命とT&Dホールディングスを取り上げ、大震災発生からの動きを捉えていくことにしよう。

図表7-4は、これら2生保を対象にした平均超過収益率と累積平均超過収益率の動きを描いたものである。2生保の平均超過収益率もイベント日に大きな変動を見せているが、次第に変動は和らいでいる。しかし、累積平均超過収益率はほぼ確実にマイナスの幅を広げている。最終的には▲12.18％まで下がっている。

3メガ損保の累積平均超過収益率が▲6.59％であったので、生保の場合は大震災ショックの影響をかなり受けているといえる。単純に解釈すれば、生保が免責条項を適用しなかったことが影響したことになろう。だが、こうした解釈はそのまま素直に受け入れられるであろうか。

図表 7-4　2 生保の平均超過収益率（*AR*）と累積平均超過収益率（*CAR*）

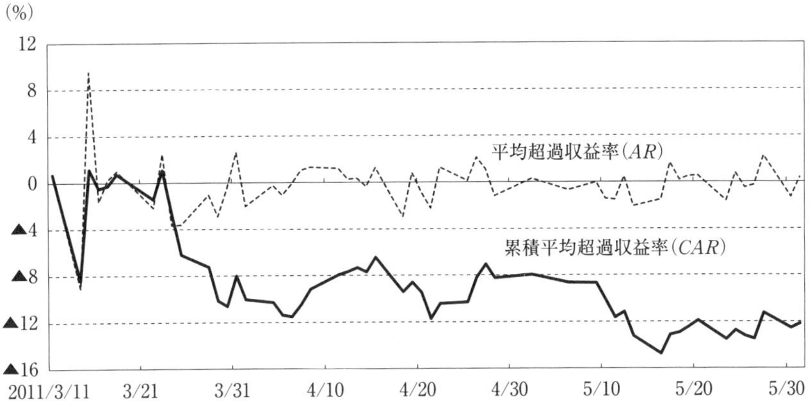

先ほども確認したように、大震災による損保の支払額が 1 兆 2,241 億円であるのに対して、生保の支払額は約 1,599 億円である。損保の 13%ほどにすぎない。しかも免責条項を適用しないために、支払った金額といってもわずか 504 億円である。生保の規模から判断して、それほど大きな金額ではないであろう。

このことからも、2 生保の累積平均超過収益率が 3 メガ損保のそれよりもマイナスの幅が大きいところに位置づけられているのは不思議である。3 メガ損保の場合と同様に、単に保険金支払の側面からだけでは説明できない現象であることが容易に推測できる。

そこで、次にこれらの現象を別の角度から説明していきたい。

第 4 節　有価証券の劣化と株価下落

(1) 大震災による急激な株安・円高現象

大震災が発生した直後、日経平均株価はもちろん下げた。だが、前日の終値が 1 万 434 円であったのに対して、当日は 1 万 254 円で引けたので 180 円の下落となる。それほど大きな下げ幅ではなかった。

それは発生時刻が後場終了間際の時間帯であったためである。本格的な調整局面は翌週の月曜日から始まった。日経平均株価は1万円の大台を割り込み、数日後には9,000円台も割り込むといった急落を見せた。

大震災による日本経済へのダメージが意識されたからであろう。急激な株安現象は当然の反応と思われる。だが、それと同時に外国為替市場で急激な円高現象も起きた。本来ならば日本経済にとって大震災はマイナス要因なので、円安現象が生じても不思議ではない。ところが、予想に反して円高に大きく振れた。

当時、激発した円高現象の元凶として、損保の存在がマスコミ等で名指しされた。なぜなら、多額の保険金支払に備え、損保はドルを円に換える動きに転じているだろうという臆測が外国為替市場に広まったからである。

そのことに関して、損害保険協会長は先ほど取り上げた定例会見のなかできっぱりと否定した。損保は保険金支払に備えて流動性の高い資産を十分に保有しているので、事件が起きてもすぐにドルを円に換える必要はなく、円高は外国為替市場の過剰な反応であったことを強調している。実際、円相場は大きな変動を繰り返しながらも、その後、ほぼ震災前に近い水準に向かっていった。

しかし、日経平均株価は震災発生直後の水準よりもかなり下回ったところに留まった。突発的な円高が株価を引き下げたように思われるかもしれないが、円高は一時的現象で元の水準にほぼ戻っているので、株安はやはり大震災による直接的なダメージが意識された動きであると判断できる。

図表7-5は、2011年1月4日から5月31日までの日経平均株価と外国為替相場の動きを追ったものである。この図を眺めても、円相場が大震災の発生で一時的に大きな変動を見せながらも落ち着きを取り戻したのに対して、日経平均株価は水準を大幅に下げたことが確認できる。

図表 7-5　日経平均株価と外国為替相場の動き（2011 年 1 月～5 月）

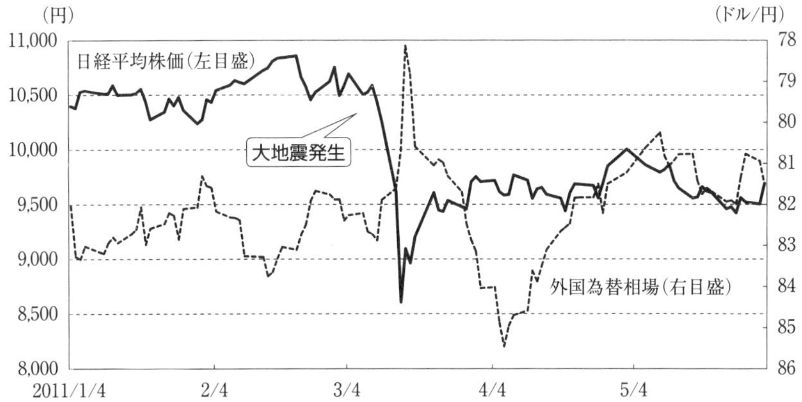

(2) 大震災による 3 メガ銀行株の変化

こうした日経平均株価の急激かつ大幅な下落が、株式を大量に保有する大手銀行の株価を直撃したことは、誰もが認める事実であろう。保有する株式の時価が下がれば実質的自己資本も減少し、そのことは銀行株の下落として反映される。

そこで、3 メガ銀行の持株会社である三菱 UFJ フィナンシャル・グループ、三井住友フィナンシャルグループ、みずほフィナンシャルグループの株価に注目したい。先ほどと同様にこれらの株価から株式収益率を求め、そこからイベントスタディの分析手法をそのまま適用し、平均超過収益率、標準化された平均超過収益率、累積平均超過収益率を計測していく。

図表 7-6 は、3 メガ銀行の平均超過収益率と累積平均超過収益率だけを取り出し、大地震発生以降の動きを捉えたものである。平均超過収益率は変動を繰り返しながらも、マイナスの数値のほうが多いことが確認できる。それゆえ、累積平均超過収益率はほぼ一方的に下がり続け、最終的には▲14.05%となっている。

このことから、大地震発生による保有株の大幅な下落が 3 メガ銀行の株価

図表 7-6　3 メガ銀行の平均超過収益率（*AR*）と累積平均超過収益率（*CAR*）

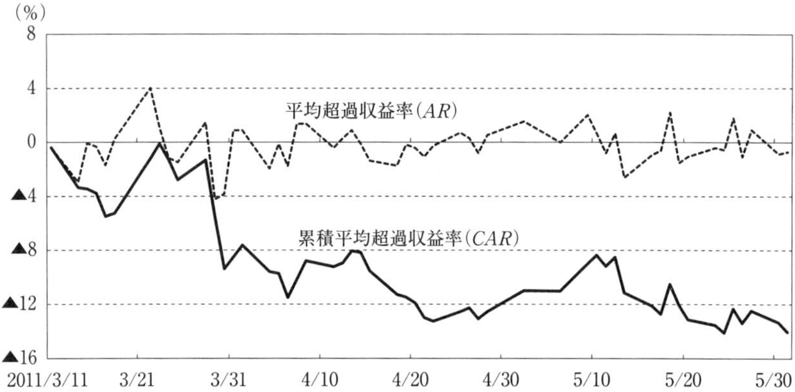

を押し下げたと推測できる。もちろん株式だけが大幅に下落したわけではなく、それに関連する有価証券も時価総額を減らしたであろう。したがって、株式を中心とする有価証券を大量に抱えたメガ銀行は、資本市場を通じて大地震ショックに揺れていたといえる。

(3) 保険株をめぐる矛盾の解消

3 メガ損保を計測したときに、累積平均超過収益率は最終的にマイナスであった。このことから損保の中立命題が否定され、盤石な地震保険制度に対する信頼が崩れたかのように感じたかもしれない。

また、2 生保の場合も累積平均超過収益率が最終的にマイナスで、しかも 3 メガ損保よりも大幅に下がっていた。単純に解釈すれば、生保が損保と違って地震に対する免責条項を適用しなかったことが、その理由として挙げられるかもしれない。

だが、3 メガ銀行の分析からも容易に理解できるように、損保であれ生保であれ、大地震による保険金支払がそれぞれの経営を直撃したわけではない。株式を中心とする有価証券の価値が、大地震発生により急激に減少したから

図表 7-7　金融株の業態別累積平均超過収益率（CAR）の動き

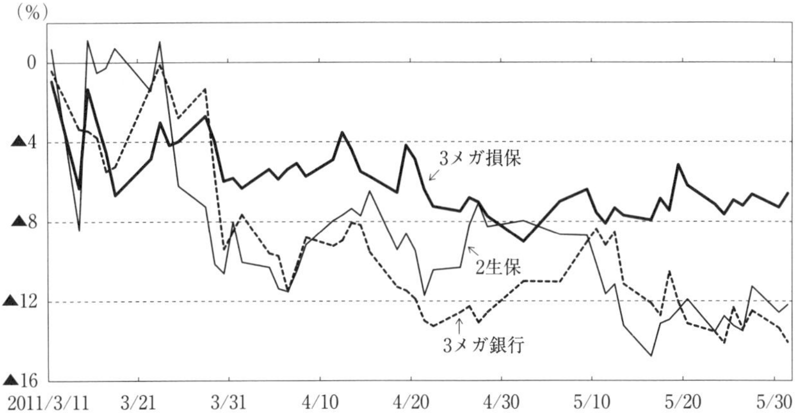

にすぎない。

図表 7-7 は、3 メガ損保、2 生保、3 メガ銀行を対象にした金融株の累積平均超過収益率の動きを業態別に比較したものである。これを見るとわかるように、保険金支払と無縁な銀行が損保よりも、また生保よりも落ち込みが激しい。これは大量の有価証券を抱えているからである。

生保もマイナスの幅が大きいが、これも銀行と同様に株式等の有価証券を大量に保有しているためである。機関投資家として資産運用も重視しているので、株式市場の影響をもろに受ける体質を有している。

それに対して損保は、銀行や生保ほど多くの有価証券を保有していないうえ、流動性を意識した資産運用に重点を置いているのでデュレーション（平均満期）が小さい。それゆえ、市場の変動を受けにくい運用体制が敷かれている。

その結果、累積平均株式収益率を見る限り、損保は銀行や生保よりもマイナスの幅が小さくなっている。それでも、生保ほどではないが、損保も機関投資家であり、保有する株式等の有価証券が影響を受けたことは間違いない。したがって、そのことが累積平均株式収益率の下落を招いたと解釈できる。

第５節　大震災ショックの正しい解釈

東日本大震災が日本経済に及ぼしたダメージは甚大であり、さまざまな領域に経済的な悪影響を及ぼした。そのなかで地震保険の関係から損保株にも多くの関心が持たれた。なぜなら、大地震による多額の保険金支払から地震保険制度に不安が感じられたからである。

もちろん、盤石な体制が整備されていれば損保株は動じない。ところが、通常のイベントスタディの手法を適用したところ、予想に反してマイナスの効果が表れた。その結果を素直に解釈すれば、株式市場では地震保険制度に対して懐疑的であったことになろう。

確かに今回の大震災は未曾有の被害をもたらし、保険金支払も過去最大の規模であった。しかし、わが国の地震保険制度で十分にカバーできることは地震発生直後でも正確に予想されていた。

それにもかかわらずマイナスの効果が表れたのは、損保が保有する株式等の有価証券の価値が急激に減少したためであろう。そのことは有価証券を大量に保有する銀行や生保の分析からも容易に推測できる。

大地震が損保経営に及ぼす効果をイベントスタディの手法を通じて分析する研究論文はかなり多い。その場合、巨額の保険金支払が損保経営に与える効果に注目しながら、分析結果を判断する傾向にある。

だが、東日本大震災とわが国の損保株の関係を分析する限り、有価証券の評価損という別ルートを通じた効果がかなり影響していると考えられる。このことから、大地震の分析を行う場合、保険金支払能力だけを追求するのではなく、保有資産の劣化という側面も重視していかなければならないことがわかる。

わが国では盤石な地震保険制度が整備されている。そのことを十分に認識しているならば、単純なイベントスタディの手法から累積平均超過収益率だけを見て、直接、地震保険制度に向けて安易に懸念を示すような結論を下してはいけない。このことは、損保経営を判断するうえで留意すべき事項である。

付録7（A） 3メガ損保の計測結果

	3メガ損保		
	平均超過収益率 *AR*	標準化された平均超過収益率 *SAR*（*t* 値）	累積平均超過収益率 *CAR*
2011/3/11	▲0.94	▲0.78	▲0.94
3/14	▲5.37	▲4.27 **	▲6.31
3/15	4.99	3.84 **	▲1.33
3/16	▲1.68	▲1.30	▲3.01
3/17	▲1.52	▲1.17	▲4.52
3/18	▲2.15	▲1.65	▲6.67
3/22	1.83	1.40	▲4.84
3/23	1.81	1.38	▲3.03
3/24	▲1.14	▲0.87	▲4.16
3/25	0.18	0.13	▲3.99
3/28	1.28	0.98	▲2.71
3/29	▲1.24	▲0.95	▲3.95
3/30	▲2.02	▲1.53	▲5.97
3/31	0.15	0.11	▲5.82
4/1	▲0.51	▲0.38	▲6.33
4/4	0.95	0.73	▲5.38
4/5	▲0.49	▲0.38	▲5.87
4/6	0.49	0.38	▲5.38
4/7	0.29	0.23	▲5.08
4/8	▲0.65	▲0.50	▲5.73
4/11	0.83	0.64	▲4.90
4/12	1.36	1.04	▲3.53
4/13	▲0.85	▲0.65	▲4.38
4/14	▲1.11	▲0.85	▲5.49
4/15	▲0.25	▲0.19	▲5.74
4/18	▲0.81	▲0.62	▲6.54
4/19	2.37	1.80	▲4.17
4/20	▲0.70	▲0.53	▲4.87
4/21	▲1.51	▲1.15	▲6.38
4/22	▲0.87	▲0.66	▲7.25
4/25	▲0.24	▲0.18	▲7.48
4/26	0.68	0.53	▲6.80
4/27	▲0.22	▲0.17	▲7.02
4/28	▲0.72	▲0.56	▲7.74
5/2	▲1.27	▲1.00	▲9.01
5/6	2.02	1.58	▲6.99
5/9	0.61	0.48	▲6.39
5/10	▲1.16	▲0.91	▲7.55
5/11	▲0.55	▲0.44	▲8.10
5/12	0.78	0.62	▲7.32
5/13	▲0.38	▲0.30	▲7.70
5/16	▲0.23	▲0.18	▲7.93
5/17	1.09	0.86	▲6.84
5/18	▲0.61	▲0.49	▲7.45
5/19	2.29	1.82	▲5.15
5/20	▲1.03	▲0.81	▲6.18
5/23	▲0.95	▲0.75	▲7.12
5/24	▲0.51	▲0.41	▲7.64
5/25	0.72	0.57	▲6.92
5/26	▲0.28	▲0.23	▲7.20
5/27	0.57	0.45	▲6.63
5/30	▲0.65	▲0.52	▲7.29
5/31	0.69	0.56	▲6.59

（注）** は1%有意、* は5%有意、▲はマイナスを示す。

付録7（B） 2生保の計測結果

	2生保		
	平均超過収益率 *AR*	標準化された平均超過収益率 *SAR*（*t* 値）	累積平均超過収益率 *CAR*
2011/3/11	0.68	0.49	0.68
3/14	▲9.10	▲6.03 **	▲8.41
3/15	9.54	5.84 **	1.13
3/16	▲1.64	▲1.0	▲0.51
3/17	0.24	0.15	▲0.27
3/18	0.99	0.61	0.72
3/22	▲2.14	▲1.32	▲1.43
3/23	2.48	1.52	1.05
3/24	▲3.66	▲2.21 *	▲2.61
3/25	▲3.60	▲2.16 *	▲6.21
3/28	▲1.04	▲0.62	▲7.25
3/29	▲2.89	▲1.72	▲10.14
3/30	▲0.47	▲0.28	▲10.61
3/31	2.60	1.54	▲8.01
4/1	▲2.03	▲1.20	▲10.05
4/4	▲0.26	▲0.15	▲10.30
4/5	▲1.07	▲0.63	▲11.37
4/6	▲0.15	▲0.09	▲11.52
4/7	1.06	0.63	▲10.47
4/8	1.30	0.77	▲9.16
4/11	1.21	0.72	▲7.96
4/12	0.28	0.16	▲7.68
4/13	0.33	0.20	▲7.35
4/14	▲0.37	▲0.22	▲7.72
4/15	1.25	0.74	▲6.47
4/18	▲2.95	▲1.73	▲9.42
4/19	0.81	0.48	▲8.61
4/20	▲0.87	▲0.51	▲9.47
4/21	▲2.24	▲1.32	▲11.71
4/22	1.28	0.75	▲10.43
4/25	0.12	0.07	▲10.31
4/26	2.12	1.25	▲8.19
4/27	1.12	0.66	▲7.07
4/28	▲1.18	▲0.70	▲8.26
5/2	0.29	0.17	▲7.96
5/6	▲0.70	▲0.41	▲8.66
5/9	▲0.04	▲0.02	▲8.70
5/10	▲1.44	▲0.85	▲10.14
5/11	▲1.50	▲0.88	▲11.64
5/12	0.48	0.28	▲11.16
5/13	▲2.08	▲1.23	▲13.24
5/16	▲1.52	▲0.90	▲14.76
5/17	1.64	0.97	▲13.12
5/18	0.19	0.11	▲12.93
5/19	0.49	0.29	▲12.44
5/20	0.54	0.32	▲11.90
5/23	▲1.62	▲0.96	▲13.52
5/24	0.78	0.46	▲12.74
5/25	▲0.48	▲0.29	▲13.23
5/26	▲0.26	▲0.16	▲13.49
5/27	2.23	1.32	▲11.26
5/30	▲1.30	▲0.77	▲12.56
5/31	0.38	0.23	▲12.18

（注）** は1%有意、* は5%有意、▲はマイナスを示す。

付録7（C）　3メガ銀行の計測結果

	3メガ銀行		
	平均超過収益率 *AR*	標準化された平均超過収益率 *SAR*（*t* 値）	累積平均超過収益率 *CAR*
2011/3/11	▲0.41	▲0.36	▲0.41
3/14	▲2.95	▲2.57 **	▲3.36
3/15	▲0.09	▲0.07	▲3.44
3/16	▲0.34	▲0.29	▲3.78
3/17	▲1.70	▲1.49	▲5.48
3/18	0.24	0.21	▲5.24
3/22	4.02	3.51	▲1.22
3/23	1.10	0.93	▲0.12
3/24	▲1.18	▲1.00	▲1.30
3/25	▲1.49	▲1.26	▲2.79
3/28	1.46	1.24	▲1.33
3/29	▲4.23	▲3.57 **	▲5.56
3/30	▲3.83	▲3.15 **	▲9.39
3/31	0.88	0.71	▲8.51
4/1	0.87	0.70	▲7.64
4/4	▲1.96	▲1.58	▲9.60
4/5	▲0.13	▲0.10	▲9.73
4/6	▲1.78	▲1.43	▲11.51
4/7	1.35	1.08	▲10.16
4/8	1.37	1.10	▲8.79
4/11	▲0.43	▲0.35	▲9.23
4/12	0.28	0.22	▲8.95
4/13	0.89	0.72	▲8.06
4/14	▲0.11	▲0.09	▲8.17
4/15	▲1.37	▲1.11	▲9.54
4/18	▲1.74	▲1.41	▲11.29
4/19	▲0.19	▲0.15	▲11.47
4/20	▲0.42	▲0.34	▲11.90
4/21	▲1.09	▲0.88	▲12.98
4/22	▲0.27	▲0.22	▲13.26
4/25	0.71	0.57	▲12.55
4/26	0.29	0.24	▲12.26
4/27	▲0.81	▲0.66	▲13.07
4/28	0.53	0.43	▲12.54
5/2	1.54	1.25	▲11.00
5/6	▲0.02	▲0.02	▲11.03
5/9	2.01	1.63	▲9.02
5/10	0.65	0.52	▲8.37
5/11	▲0.81	▲0.66	▲9.19
5/12	0.66	0.53	▲8.53
5/13	▲2.62	▲2.12 *	▲11.15
5/16	▲0.96	▲0.77	▲12.10
5/17	▲0.61	▲0.49	▲12.71
5/18	2.19	1.76	▲10.52
5/19	▲1.54	▲1.23	▲12.06
5/20	▲1.07	▲0.85	▲13.12
5/23	▲0.41	▲0.33	▲13.53
5/24	▲0.57	▲0.45	▲14.10
5/25	1.78	1.42	▲12.32
5/26	▲1.08	▲0.86	▲13.39
5/27	0.91	0.72	▲12.48
5/30	▲0.86	▲0.68	▲13.34
5/31	▲0.71	▲0.56	▲14.05

（注）** は1％有意、* は5％有意、▲はマイナスを示す。

第8章

損保金融と生保金融の比較

第1節　保険金融の特徴

損保であれ生保であれ、保険会社は金融界において代表的な機関投資家として位置づけられている。保険会社は本来の仕事である保障業務を果たすため、契約者から流入する大量の資金を適切に管理しなければならない。それとともに効率的な資産運用から高い利回りを獲得しようとしている。

だが、同じ保険会社でも損保と生保では資産運用のスタンスが本質的に違っている。一般に保険資金は「損保の短期・流動性」に対して、「生保の長期・固定性」として特徴づけられている。

損保は予測しがたい保険事故を扱うケースが多いため、保険金支払を行うには短期かつ流動性を重視した運用を行わなければならない。それに対して生保はほぼ確実に保険金支払の予測ができるため、内部に蓄積される資金を長期かつ固定的に運用できる。

しかも損保と生保では資金量についてもかなりの違いがある。短期的な保障機能にウエイトを置く損保は流入資金が内部に留まりにくいのに対して、長期にわたる保障機能のほかに貯蓄機能も合わせ持つ生保は大量の資金が蓄積されていく。

こうした保険金融の特徴を整理すると、次のようになる。

① 〈資金量の特徴〉

資金量は損保金融よりも生保金融のほうが大きい。

② 〈流動性の特徴〉

流動性は損保金融のほうが生保金融よりも高い。

③ 〈投資期間の特徴〉

投資期間は損保金融の短期に対して、生保金融は長期の傾向が強い。

④ 〈投資成果の特徴〉

投資成果は損保金融よりも生保金融のほうが高い。

本章ではこうした損保と生保の資産運用上の特徴を最近のデータから確認していくことにしたい。これにより保険会社の本来業務である保障機能についての認識もさらに深まっていくであろう。

すでに第5章でも生保の資産運用について触れたが、とりわけ前章では生損保金融の相違を強調しながら地震保険制度の堅固性について説明した。そのなかで損保は保険金支払にあたって迅速な対応が迫られるため、生保よりも流動性が高い資産を保有していることに言及した。こうした事柄も、あらためて生損保金融の特徴を整理することで一層理解が深まっていくであろう。

第2節　資金量・流動性・投資期間の業態別比較

まず、資金量と流動性から調べていくことにしよう。図表8-1と図表8-2は2010年3月末から2013年3月末までの4カ年間を対象にしながら、全損保ならびに全生保の資産運用状況を表している。ここでは4カ年間の平均値も加えられている。

両者の平均値を比較するとわかるように、総資産は生保のほうが損保よりも圧倒的に大きい。しかも運用に向かう割合も生保のほうが損保よりも高い。このことから資金量は損保よりも生保のほうが大きいことが確認できる。

図表 8-1　全損保の資産運用

	2010 年 3 月末	構成比	2011 年 3 月末	構成比	2012 年 3 月末	構成比	2013 年 3 月末	構成比	4 カ年の平均	構成比
(1) 流動性資産										
預貯金	933,487	3.0	904,299	3.0	914,574	3.3	928,815	3.3	920,294	3.1
コールローン	334,324	1.1	757,386	2.6	380,105	1.4	427,838	1.5	474,913	1.6
買現先勘定	228,456	0.7	167,455	0.6	407,097	1.5	428,945	1.5	307,988	1.1
債券貸借取引支払保証金	–	0.0	–	0.0	–	0.0	11,284	0.0	2,821	0.0
買入金銭債権	1,295,248	4.1	948,916	3.2	674,087	2.4	271,910	1.0	797,540	2.7
金銭の信託	113,037	0.4	77,959	0.3	58,098	0.2	91,420	0.3	85,129	0.3
小計	2,904,552	9.2	2,856,015	9.6	2,433,961	8.7	2,160,212	7.6	2,588,685	8.8
(2) 有価証券										
国債	4,955,954	15.7	5,098,432	17.2	5,776,906	20.6	6,196,121	21.8	5,506,853	18.8
地方債	610,400	1.9	531,114	1.8	392,355	1.4	349,277	1.2	470,787	1.6
社債	3,809,344	12.1	3,292,461	11.1	2,919,956	10.4	2,670,799	9.4	3,173,140	10.8
株式	7,452,658	23.7	6,439,356	21.7	5,724,171	20.4	6,348,386	22.3	6,491,143	22.0
外国証券	4,963,888	15.8	4,751,821	16.0	4,323,455	15.4	4,753,371	16.7	4,698,134	16.0
その他の証券	439,802	1.4	324,181	1.1	298,064	1.1	272,490	1.0	333,634	1.1
小計	22,232,093	70.6	20,437,407	68.9	19,434,953	69.4	20,590,487	72.3	20,673,735	70.3
(3) 貸付金										
一般貸付	2,308,819	7.3	2,107,054	7.1	1,865,724	6.7	1,707,455	6.0	1,997,263	6.8
契約者貸付	65,022	0.2	60,850	0.2	56,213	0.2	51,466	0.2	58,388	0.2
小計	2,373,843	7.5	2,167,909	7.3	1,921,942	6.9	1,758,930	6.2	2,055,656	7.0
(4) 不動産	1,098,448	3.5	1,071,757	3.6	1,074,909	3.8	1,042,901	3.7	1,072,004	3.7
(5) 運用資産	28,608,990	90.8	26,533,137	89.4	24,865,816	88.8	25,552,581	89.8	26,390,131	89.7
(6) その他	2,886,516	9.2	3,140,114	10.6	3,129,967	11.2	2,907,143	10.2	3,015,935	10.3
(7) 総資産　合計	31,495,564	100.0	29,673,300	100.0	27,995,840	100.0	28,459,776	100.0	29,406,120	100.0

(注) 単位：百万円、%。

図表 8-2　全生保の資産運用

	2010年3月末	構成比	2011年3月末	構成比	2012年3月末	構成比	2013年3月末	構成比	4カ年の平均	構成比
(1) 流動性資産										
現金及び預貯金	4,995,125	1.6	5,655,964	1.8	3,515,505	1.1	3,574,921	1.0	4,435,379	1.4
コールローン	2,139,269	0.7	2,009,631	0.6	2,509,311	0.8	2,766,880	0.8	2,356,273	0.7
買入金銭債権	3,197,047	1.0	3,045,790	0.9	2,889,437	0.9	3,025,390	0.9	3,039,416	0.9
金銭の信託	2,205,116	0.7	2,071,181	0.6	2,014,400	0.6	2,059,949	0.6	2,087,662	0.6
小計	12,536,557	4.0	12,782,566	3.9	10,928,653	3.4	11,427,140	3.3	11,918,729	3.7
(2) 有価証券										
国債	127,988,777	40.2	132,398,748	41.3	141,275,728	43.2	148,769,242	43.1	137,608,124	42.0
地方債	10,967,855	3.4	11,916,402	3.7	13,163,023	4.0	13,934,658	4.0	12,495,485	3.8
社債	26,453,801	8.3	25,283,567	7.9	25,342,927	7.8	25,155,197	7.3	25,558,873	7.8
株式	18,661,849	5.9	16,214,901	5.1	14,744,405	4.5	16,725,654	4.8	16,586,702	5.1
外国証券	42,957,132	13.5	45,738,444	14.3	46,926,728	14.4	55,986,474	16.2	47,902,195	14.6
小計	244,150,122	76.7	247,980,980	77.3	257,560,377	78.8	278,244,867	80.7	256,984,087	78.4
(3) 貸付金										
一般貸付	43,314,352	13.6	40,423,861	12.6	38,858,714	11.9	37,039,464	10.7	39,909,098	12.2
契約者貸付	3,577,123	1.1	3,453,307	1.1	3,315,165	1.0	3,205,150	1.0	3,387,686	1.1
小計	46,891,475	14.7	43,877,168	13.7	42,173,879	12.9	40,244,614	11.7	43,296,784	13.3
(4) 有形固定資産	6,720,534	2.1	6,690,867	2.1	6,513,851	2.0	6,374,768	1.8	6,575,005	2.0
(5) 運用資産	311,337,242	97.8	313,128,831	97.6	319,676,452	97.8	339,088,010	98.3	320,807,634	97.9
(6) 総資産　合計	318,380,214	100.0	320,691,180	100.0	326,952,857	100.0	344,998,124	100.0	327,755,594	100.0

（注）単位：百万円、%。

損保の総資産　29,406,120 百万円

＜生保の総資産　　327,755,593 百万円

損保の運用資産　26,390,131 百万円

＜生保の運用資産　320,807,633 百万円

損保の運用資産の割合　89.7%＜生保の運用資産の割合　97.9%

次に流動性について注目しよう。同じく4カ年間の平均値から現金・預貯金・コールローン等で構成される流動性資産の総資産に対する割合を見ると、損保のほうが生保よりも大きい。したがって、流動性について損保のほうが生保よりも高いことが確認できる。

当然のことであるが、収益性資産に相当する有価証券や貸付等の割合は逆に損保よりも生保のほうが大きい。どちらも有価証券が圧倒的な割合を占めている点で類似しているが、流動性資産と貸出の割合については対照的な姿が描かれている。

損保は流動性資産の割合が貸出の割合よりも大きくなっているが、生保は反対に小さい。こうした違いからも損保と生保の運用上の違いが浮かび上がってくる。

損保の流動性資産の割合　8.8%＞生保の流動性資産の割合　3.7%

損保の有価証券の割合　70.3%＜生保の有価証券の割合　78.4%

損保の貸出の割合　7.0%＜生保の貸出の割合　13.3%

それでは収益性資産である有価証券と貸付の運用期間はどれほどであろうか。

図表8-3と図表8-4は主要損保3社（東京海上日動、損保ジャパン、三井住友海上）と主要生保3社（日本生命、第一生命、明治安田生命）が保有する有価証券と貸付のデュレーション（平均満期）の概算値をそれぞれ求めたものである。

図表 8-3　主要損保のデュレーション

	東京海上日動	損保ジャパン	三井住友海上	3社の平均
(1) 有価証券				
2010年3月末	11.28	11.00	11.18	11.15
2011年3月末	11.38	11.23	11.26	11.29
2012年3月末	11.24	11.21	11.45	11.30
2013年3月末	11.53	11.66	11.99	11.73
4年間の平均	11.36	11.28	11.47	11.37
(2) 貸付金				
2010年3月末	5.82	5.24	5.80	5.62
2011年3月末	5.87	5.62	5.78	5.76
2012年3月末	5.93	6.06	5.62	5.87
2013年3月末	4.34	6.25	5.58	5.39
4年間の平均	5.49	5.79	5.70	5.66

(注) 単位：年。

図表 8-4　主要生保のデュレーション

	日本生命	第一生命	明治安田生命	3社の平均
(1) 有価証券				
2010年3月末	11.57	11.16	10.70	11.14
2011年3月末	12.19	11.25	11.82	11.75
2012年3月末	12.35	11.72	12.30	12.12
2013年3月末	12.32	11.95	12.34	12.20
4年間の平均	12.11	11.52	11.79	11.81
(2) 貸付金				
2010年3月末	5.68	6.26	5.55	5.83
2011年3月末	5.70	6.27	6.01	5.99
2012年3月末	6.10	6.37	6.69	6.39
2013年3月末	6.30	6.48	7.29	6.69
4年間の平均	5.94	6.35	6.39	6.22

(注) 単位：年。

計算方法を具体的に説明すると、まず、残存期間の範囲に対応して以下のような年数を定め、その数値に保有資産の割合からウエイトづけを課すことで、デュレーションを導出していく。

残存期間　1年以下………………0.5年

残存期間　1年超～3年以下………2年
残存期間　3年超～5年以下………4年
残存期間　5年超～7年以下………6年
残存期間　7年超～10年以下……8.5年
残存期間　10年超…………………15年

この手法に従って主要損保3社と主要生保3社を対象にした4カ年の平均デュレーションを求めると、次のようになる。

主要損保3社の有価証券の平均デュレーション	11.37年
＜主要生保3社の有価証券の平均デュレーション	11.81年
主要損保3社の貸付の平均デュレーション	5.66年
＜主要生保3社の貸付の平均デュレーション	6.22年

すなわち、有価証券も貸付もともに損保のほうが生保よりも平均デュレーションが小さいことがわかる。これにより投資期間は損保金融の短期に対して、生保金融は長期の傾向が強いことが確認できる。

第3節　投資成果の業態別比較

保険金融の特徴が理解できたところで、今度は投資成果について見ていくことにしよう。保険会社は累積した資金を高い収益が生み出されるように運用する。決算では、その結果を資産運用収益と資産運用費用として発表している。

図表8-5と図表8-6では全損保と全生保の4カ年にわたる投資成果がまとめられている。ここでは決算発表から得られた運用関連データから、投資成果を見る3種類の指標が求められている。

図表 8-5　全損保の投資成果

	2010年3月末	2011年3月末	2012年3月末	2013年3月末	4カ年の平均
(1) 資産運用収益	5,725	6,562	6,486	6,645	6,355
利息及び配当金収入	5,018	5,118	4,773	4,649	4,890
有価証券売却益	2,230	2,994	3,337	3,378	2,985
(2) 資産運用費用	2,009	1,751	2,313	1,550	1,906
有価証券売却損	697	474	938	370	620
有価証券評価損	474	523	841	740	645
(3) 運用資産	286,090	265,331	248,658	255,526	263,901
(4) 運用成果					
直接利回り	1.75	1.93	1.92	1.82	1.86
キャピタル損益率	0.37	0.75	0.63	0.89	0.66
総合利回り	1.30	1.81	1.68	1.99	1.70

(注) 単位：億円、%。

図表 8-6　全生保の投資成果

	2010年3月末	2011年3月末	2012年3月末	2013年3月末	4カ年の平均
(1) 資産運用収益	102,027	76,792	81,394	118,353	94,642
利息及び配当金収入	60,994	62,659	62,937	64,758	62,837
有価証券売却益	8,284	11,136	10,118	32,388	15,482
(2) 資産運用費用	18,191	28,327	18,895	17,347	20,690
有価証券売却損	6,746	7,632	7,058	3,230	6,167
有価証券評価損	2,766	5,718	2,313	2,161	3,240
(3) 運用資産	3,113,372	3,131,288	3,196,765	3,390,880	3,208,076
(4) 運用成果					
直接利回り	1.96	2.00	1.97	1.91	1.96
キャピタル損益率	▲0.04	▲0.07	0.02	0.80	0.18
総合利回り	2.69	1.55	1.96	2.98	2.29

(注) 単位：億円、%。　▲はマイナスを示す。

それは直接利回り、キャピタル損益率、総合利回りであり、次のように定義づけられている。

直接利回り（%）＝利息及び配当金収入／運用資産

キャピタル損益率（%）＝(有価証券売却益－有価証券売却損－有価証券評価損)／運用資産

総合利回り（％）＝(資産運用収益－資産運用費用)／運用資産

インカムゲインをどれほど得ているかを見る指標が直接利回りである。債券や貸付等から得られる利息収入のほかに、株式等の配当金も主要な収益源となっている。変動幅は小さく、ほぼ確定した運用収益が得られる傾向にある。

それに対してキャピタル損益率は保有する有価証券の時価が絶えず変動するため、不安定な性格を有している。プラスの高い収益率が得られる年度もあれば、反対に大幅にマイナスの収益率が生じる年度もある。

総合利回りはインカムゲインやキャピタル損益のほか、投資に関わるあらゆる収益と費用の結果を見た最終的な運用指標である。したがって、直接利回りとキャピタル損益率を加えたものよりも幅広い運用指標を表している。

そこで、全損保ならびに全生保を対象にしながら３種類の運用指標の平均値をそれぞれ取り出し、それらを比較してみることにしよう。

損保の直接利回り	1.86％	＜	生保の直接利回り	1.96％
損保のキャピタル損益率	0.66％	＞	生保のキャピタル損益率	0.18％
損保の総合利回り	1.70％	＜	生保の総合利回り	2.29％

直接利回りから見ていくと、損保よりも生保のほうが高い傾向にある。とりわけ、生保は高い利息・配当金を生み出す債券・貸付等を中心に運用することで、高いインカムゲインを確実に得ているのであろう。

それに対してキャピタル損益率は損保のほうが生保よりも高い。だが、それはここで計測した４カ年に限ったことであり、同じ結果がいつでも得られるわけではない。他の期間を選べば景気変動の影響から違った結果が得られるであろう。

続いて最終的な指標である総合利回りを見ると、直接利回りと同様に損保よりも生保のほうが高い。このことから総合的に判断する限り、同じ保険会社でも生保のほうが高い運用成果を生み出していることがわかる。

そうした特徴は、先ほども指摘したように生損保金融の相違から生じていると判断できる。つまり、生保のほうが資金量も大きく、収益性資産の割合が高く、しかも運用期間が長いため、高い運用利回りが得られるのである。反対に損保は資金量が少なく、収益性資産の割合が低いうえ運用期間が短いため、運用利回りは低くなるのである。

第4節　大地震発生に見る損保金融と生保金融の相違

ここまで、損保金融と生保金融の違いを説明してきた。その結果、損保よりも生保のほうが高い利回りが得られやすいことがわかった。だが、このことから運用成果を見る限り、単純に生保のほうが有利な立場にあると判断すべきではない。

短期的な収益率を見ると、生保は変動が激しいが、損保は低いながらも安定的である。それは保有する有価証券の時価が影響するためである。それゆえ、相場が大きく揺れ動く投資環境のもとでは、安定性という点で損保のほうが生保よりも評価されるかもしれない。

例えば2011年3月11日に発生した東日本大震災では、保険金支払が損保や生保に深刻なダメージを与えるのではないかという不安から、保険株の動きに注目が集まった。大方の予想通り、保険株はある程度の幅で下落したが、それは保険金支払の不安が影響したためではなかった。

損保も生保も完璧な支払体制が整備されているので、支払不足から経営が悪化することなど考えられない。それにもかかわらず、大地震発生後に保険株が下落したのは、保有する有価証券の時価が大幅に減少したからである。このことはすでに前章で説明した内容でもある。

損保株も生保株も一時的に株価が下落したが、なかでも生保株の下落は損保株よりも大きかった。だが、その理由を保険業の本来機能である支払業務に目を向けるのは誤りである。大地震発生による巨額な保険金支払は生保よりも損保のほうがはるかに大きいからである。

それにもかかわらず、生保株のほうが損保株よりも下落率が大きかったのは、やはり有価証券を中心とする保有資産の性格が異なっているからであろう。損保は短期・流動性を意識した運用体制で臨んでいるのに対して、生保は長期・固定性を重視している。そのことが最終的に保険株の動きの相違となって表れているのである。

長期で見れば確かに生保のほうが損保よりも資産運用に関して収益性が高いが、短期的には巨大地震発生等といった突発的な出来事から受ける資産運用の衝撃は、損保のほうが生保よりも小さい。こうした損保金融と生保金融の違いを知ることは、保険会社の活動を十分に理解するうえで重要である。

第 3 部

保険会社のグローバル化

第9章

損保ERMの分析フレームワーク

第1節　リスクと経営の繋がり

損保を取り巻く経営環境は年々複雑さを増し、不透明感を強めている。そのなかで、巨額保険引受リスクが現実の問題として発生した場合の支払体制について、万全な取組みが進められている。

ERM（Enterprise Risk Management）は一般企業に向けたリスク管理への具体的な提唱でもあるが、とりわけリスクの請負を本来業務とする損保にとって、必要不可欠な経営手法として位置づけられている。それゆえ、ここでは損保ERMと呼んでいる。

この種の論文は多く、多岐にわたって発表されている。例えば、専門性の高いアクチュアリー向けの論文では、数理の側面を重視した説明が展開されている。だが、一般的には経営を取り巻くさまざまなリスクを多くの人々に紹介する形を取る論文が多い。

それは損保が持続的に発展していくうえで、リスクの認識が重要であるからだろう。そのことを裏づけるショッキングな事件として、2001年11月に起きた中堅損保の大成火災海上による突然の経営破綻が挙げられる。

米国で発生した大規模な同時テロが引き金となって、大成火災海上の再保険契約に含まれていた過度なリスクが突如として実現したのである。それまでは、その種のリスクについて十分な認識がなかったようである。

この事件を取り上げるだけでも、損保にとってリスクを認識することの重要性が痛感されるであろう。それゆえ、ERM関連の一般的な論文ではリスクの説明が中心になっている。

しかしながら、それらの多くの論文はリスクの説明にウエイトを置きすぎるために、論理の体系化が希薄である。そのため、残念ながらリスクと経営の繋がりがあまり明確でないのが現状である。

そうしたなかで、わが国損保業界のリーディングカンパニーである東京海上ホールディングスでは、早い段階からERMの体系化した取組みを積極的に進めている。そこではリスクと経営の繋がりをアニュアルレポート等でわかりやすく説明している。

具体的には、リスクとリターンの関係、健全性の確保、そして収益性の確保など、損保経営にとって重要な取組みが体系的に説明されている。

本章ではそれらの資料に基づきながら、損保ERMの分析フレームワークを構築していくことにしたい。これにより損保がリスクに対してどのような姿勢で臨んでいるのか等、われわれにとって興味深い問題が解明されていくものと思われる。

第2節　損保ERMの分析フレームワーク

東京海上ホールディングスでは、損保ERMの目的を「アニュアルレポート（2013年版）」のなかで明確に定めている。

それは、単にリスクの低減や回避といった狭義のリスク管理に留まるのではなく、定性・定量の両面から把握したリスク情報を有効に活かしながら、企業価値の最大化を目指すものと定めている。

そのため、会社全体のリスク・資本・リターンを適切にコントロールする必要性を説いている。これによりリスク対比での財務の健全性を維持しながら、同時に収益性も確保できる。まさにリスク対比での資本の健全性と収益性を満たすことで、企業価値を最大化しようとしている。

(1) リスクとリターンの関係

こうした損保が抱えるリスク・資本・リターンの関係のうち、リスクとリターンの関係に注目したものが図表9-1である。損保は精緻化されたリスク評価モデルを駆使しながらリスクに見合った保険料を設定し、リターンを確保しようとする。

リスクに対応したリターンはROR（Return on Risk）と呼ばれ、次のように定義づけている。

ROR＝リターン÷リスク
　＝(引受保険料－代理店手数料－社費－期待値（危険保険料））
　÷(99% T-VaR－期待値（危険保険料））

図表9-1　リスクとリターンの改善効果

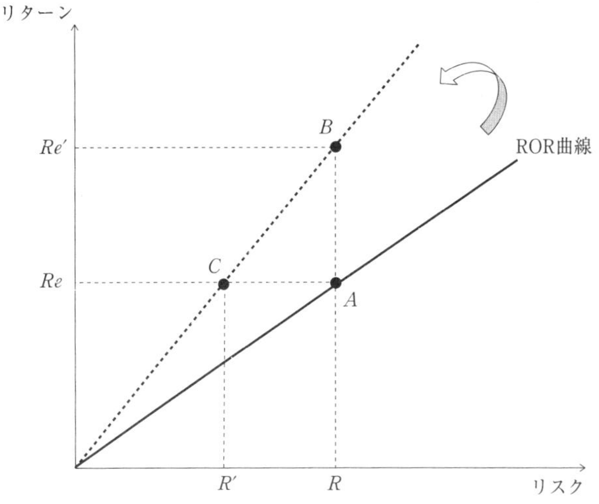

RORはまさにリスク対比のリターンを意味する指標である。いうまでもなく、損保はリスクが高まるにつれて高いリターンを要求するので、両者の間には比例関係が成立する。そのため、この図ではリスクとリターンの関係を示すROR曲線が右肩上がりの曲線として描かれ、RORはこの曲線の傾きとして表されている。

損保は経営努力を重ねながらRORを改善しようとする。基本的な対応策として、リターンを高める方法とリスクを低減する方法が考えられる。

いま、リスクとリターンの組み合わせがこの図のA点に位置づけられているとしよう。損保が保険商品の魅力を高めることから高いリターンを獲得する行動を取った場合、回転したROR曲線上のB点に移動し、リターンはReからRe'に上昇する。

それに対してリスクを低減させる努力が実れば、A点から新しい曲線上のC点に移動し、リスクはRからR'に向けて減少する。いずれにせよ、リスクとリターンの改善効果が発揮されれば、ROR曲線は左向きに回転していくことになる。

(2) 健全性指標と収益性指標

損保が経営を展開するうえで重要なリスクとリターンの関係が理解できたところで、今度は損保ERMの分析フレームワークを明示したい。図表9-2はそのために描かれたものである。

この図の左上の象限には、リスクとリターンの関係がROR曲線として示されている。この関係が出発点となって、損保の健全性ならびに収益性の指標が導き出されていく。

まず、この図の左下の象限では健全性指標が映し出されている。ここではリスクに対する実質純資産の関係がESR（Economic Solvency Ratio）として表現されている。実質純資産Eは固定化されたものであり、それに対応するリスクRとの関係がESR曲線上のB点で示されている。

図表 9-2　損保 ERM の分析フレームワーク

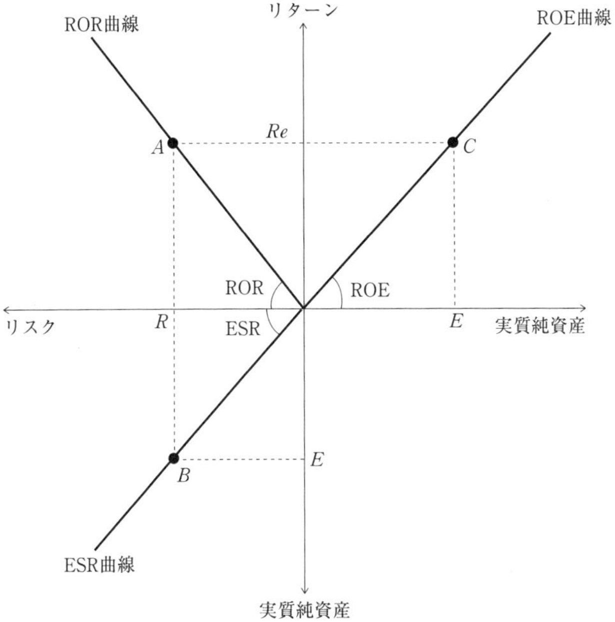

この曲線の傾きがESRであり、実質純資産がリスクをどれだけ吸収できるかを表している。それゆえ、この値が100%を下回ることは許されないであろう。なぜなら、リスクが実現した場合、損保はその瞬間に破綻してしまうからである。

ESR＝実質純資産÷リスク＞100%

損保は健全性とともに収益性に向けた取組みも積極的に行わなければならない。ROEはそのための収益性指標であり、実質純資産に対するリターンとして示される。しかも、投資家が要求する最低限のROEである資本コストを上回らなければならない。

ROE＝リターン÷実質純資産＞資本コスト

図表9-2ではそのことが右上の象限にROE曲線として描かれている。ここでは、固定化された実質純資産 E に対するリターン Re の関係がROE曲線上の C 点で示されている。ROEはこの曲線の傾きとして表されることになる。

このようにしてリスクとリターンが与えられると、それに対応して健全性指標のESRと収益性指標のROEが同時に決定づけられる。そのことはこの図において A 点、B 点、C 点の関係で示されている。

損保は、無数に存在する選択肢のなかで最適なESRとROEが得られるように、リスクとリターンの組み合わせを選び出さなければならない。次節では損保ERMの分析フレームワークから最適な行動を導き出すことにしたい。

第3節　損保の合理的行動

(1) 損保ERMの最適解

損保が選択するリスクとリターンの組み合わせを変えれば、自ずと健全性指標のESRも収益性指標のROEも変化していく。

図表9-3では、先ほどの損保ERMの分析フレームワークをそのまま取り出し、そのなかでハイリスク・ハイリターンの経営戦略に転換したケースが描かれている。そのことをこの図の左上の象限で表すと、ROR曲線上の A 点から同じ曲線上の A' 点への移動となる。

もちろん、リスク対比のリターンであるRORは変わらない。しかし、実質純資産が E のままであるため、左下の象限に位置するESR曲線上の B 点は新たな曲線上の B' 点に移動し、曲線の傾きに相当するリスク対比の実質純資産であるESRは小さくなる。

それに対して、実質純資産に対するリターンであるROEは上昇する。実

図表 9-3　ハイリスク・ハイリターンへの転換

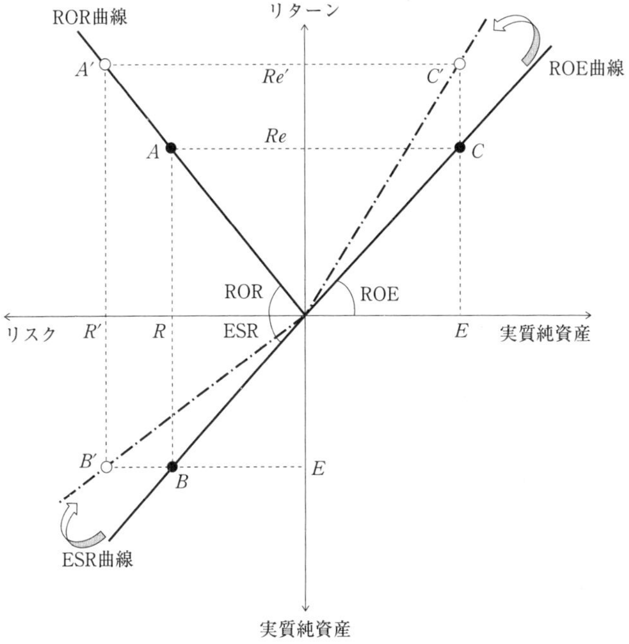

質純資産が E のままで、リターンが上昇するからである。右上の象限では ROE 曲線上の C 点から新たな曲線上の C' 点への移動で表されている。

こうしてハイリスク・ハイリターンの経営を展開すると、ESR は減少し、ROE は上昇する。このことは図からも明らかであるが、ROE の定義式からも両者の関係が理解できる。

ROE＝リターン÷実質純資産
　＝(リターン÷リスク)×(リスク÷実質純資産)
　＝ ROR×ESR の逆数

すなわち

ROR = ROE × ESR

この関係式で、ROR が一定の下では ESR と ROE は反比例の関係となる。それゆえ、一方が減少すれば、それを打ち消すように他方が増大することがわかる。

したがって、ESR と ROE の関係を縦軸に ROE、横軸に ESR を取った図で描けば双曲線となる。図表 9-4 では、両者の関係を *RR* 曲線として描いている。本来ならば、原点に向かって湾曲しながら両軸に限りなく接近する曲線として示すべきである。

しかしながら、ここでは直線のように描かれている。これは単に説明の便宜上、簡略化しただけである。それでも、ESR が 100% 以上で、かつ ROE が資本コストを上回る領域しか経営の選択対象とならないので、*RR* 曲線を直線に近い形で描いても許されるであろう。

損保は一貫して合理的行動を取るため、*RR* 曲線上の無数の選択肢のなかから企業価値を最大化する ESR ならびに ROE を選択するであろう。この図ではそうした損保の最適な行動を見出すため、*RR* 曲線のほかに一定の満

図表 9-4　損保 ERM の最適解

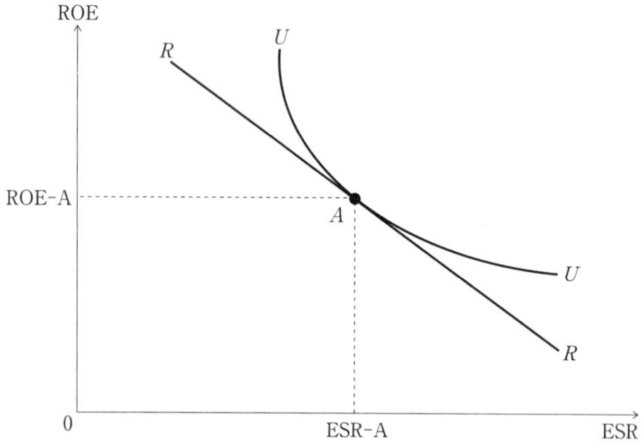

足を表す効用曲線UUが、原点に対して凸の曲線として加えられている。

損保にとってROEであれ、ESRであれ、数値が高くなるにつれて満足が高まる。それゆえ、満足が一定の効用曲線は右下がりの曲線となる。しかも危険回避的性格を有しているので、曲線の傾きは左上から右下にかけて緩やかとなる。

例えば、ESRが低い領域では健全性が低いため、満足を一定にするROEはかなり高くなければばならない。それゆえ、傾きは急になる。それに対してESRが高い領域では健全性が高いので、ROEは低くても満足を一定に保つことができる。そのため、傾きは緩やかになる。

効用曲線は無数に存在するが、そのなかで最大の満足を表すものがRR曲線と接する効用曲線UUである。両曲線の接点であるA点は、まさに損保ERMの経済価値を最大化する最適なESRとROEの組み合わせ（ESR-AとROE-A）である。

損保ERMは、危険回避の度合を表すリスクアペタイト（risk appetite）に従って、リスクと資本をコントロールする経営戦略として説明される。そうであるならば、リスクアペタイトが変化すれば、最適なESRとROEも変化することになる。次にそのことを説明していこう。

(2) リスクアペタイトの変更

損保のステークホルダーとして経営者、株主、契約者等が挙げられるが、そのなかで大きな影響力を持つのが経営者であり、彼らの意向によって運営の方向性が決定づけられると思われる。それゆえ、経営者の判断からリスクを請け負う姿勢が強い損保と、逆にリスクを回避しようとする損保に分けられるであろう。

リスクアペタイトとは損保の危険回避の度合を意味する。そのことを先ほどの図で表現すれば、効用曲線の傾きで示すことができる。図表9-5（1）（2）では、危険回避の程度が違う2種類のタイプの効用曲線が描かれている。

図表 9-5（1） 危険回避の度合が低いケース

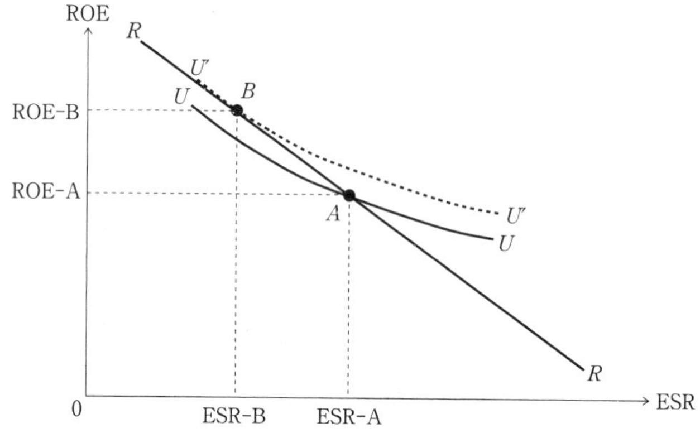

図表 9-5（2） 危険回避の度合が高いケース

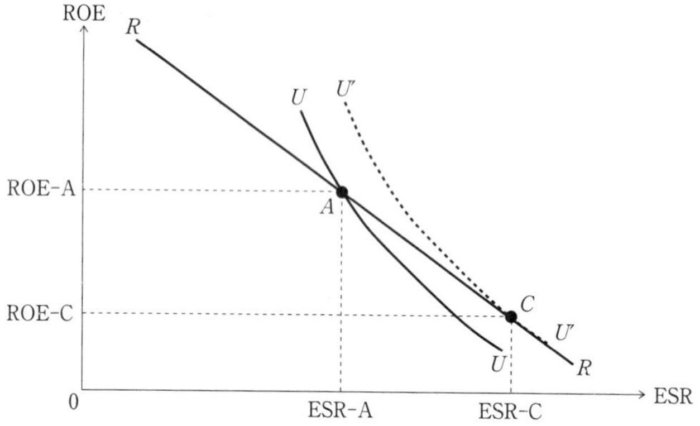

このうち図表 9-5（1）は、危険回避の度合が低いケースを扱ったものである。そのため、効用曲線 UU の傾きは全体的に緩やかになる。その結果、最適点は A 点からさらに満足の高い効用曲線 $U'U'$ と RR 曲線が接する B 点に移動する。

最適な ESR は ESR-A から ESR-B に減少し、逆に最適な ROE は ROE-A から ROE-B に上昇する。危険回避の度合が低まったことから、健全性よりも収益性を重視する経営が展開されたことになる。

それに対して図表9-5（2）は、危険回避の度合が高いケースを扱っている。そのため、効用曲線UUの傾きが急になっている。その結果、最適点はA点からC点に移動している。

最適なESRはESR-AからESR-Cに拡大し、逆に最適なROEはROE-AからROE-Cに低下している。危険回避の度合が高まったことから、収益性よりも健全性を重視する経営に転換したことになる。

このようにリスクアペタイトの変更が生じると、リスクへの取組みも変化する。それはESRならびにROEの変化となって表れていく。リスクアペタイトは損保ERMの方向性を決定づけるうえで重要な要因であるが、その変化を客観的に把握するのは難しい。

しかし、最終的に決定されるESRとROEの動きを年度ごとに追っていけば、リスクアペタイトの変更が認識できる。図表9-6はそのことをイメージして描いたものである。なお、ここではESRが100%未満の領域とROEが資本コストを下回る領域は選択不可能であるため、網掛けで表示されている。

例えば、この図においてRR曲線上のA点から出発してB点に移動してい

図表9-6　リスクアペタイトの変更

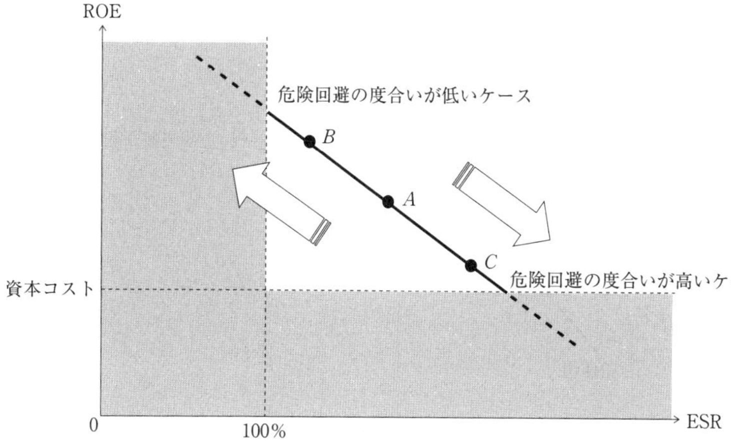

るならば、図表9-5（1）からわかるように、リスクを回避する傾向が弱まったと判断できる。反対にA点からC点に移動しているならば、図表9-5（2）のケースに相当し、リスクを回避する傾向が強まったといえる。

ESRもROEも具体的な数値が決算期ごとに損保から発表されている。それらの数値を年度ごとに追っていくだけで、抽象的で捉えにくい損保のリスクアペタイトの動きが、大雑把ながらも把握できることになる。

第4節　RORの変化が損保ERMに及ぼす効果

(1) リターンの改善効果とリスクの低減効果

いままでリスクとリターンの関係を示すRORが固定化された条件のもとで、

図表9-7（1）　リターンの改善効果

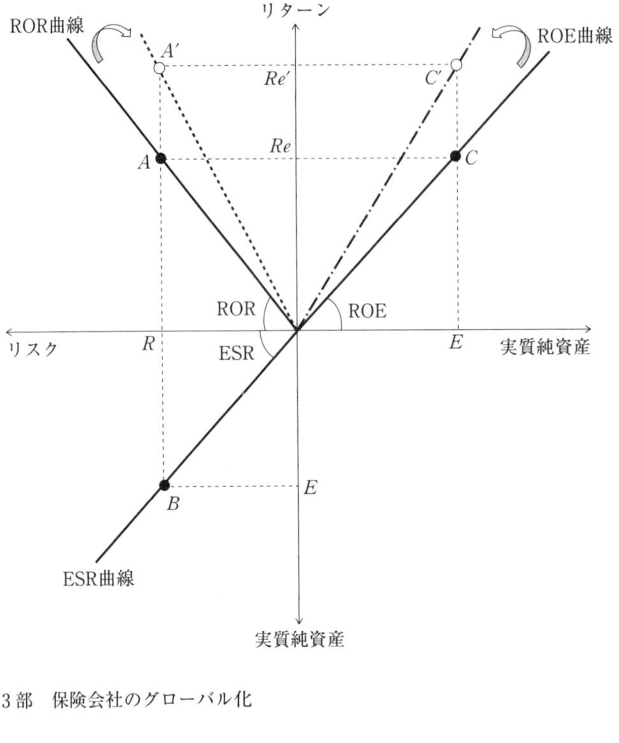

損保 ERM の分析フレームワークを説明してきた。次に、ROR が変化した場合の効果について見ていくことにしよう。

損保は絶えず経営努力を重ねながら、リターンの向上に努めたり、リスクの低減化を図っている。これによりリスクとリターンの関係を改善している。図表 9-7（1）（2）はその効果を描いたものである。

このうち、リターンの改善効果を示したものが図表 9-7（1）である。この場合、ROR 曲線上の A 点はリターンの向上から A' 点に上昇する。このことから新たな ROR 曲線は時計回りに回転することがわかる。

リスクは変わらないので ESR 曲線は変化しないが、ROE 曲線は C 点から C' 点に移動するため反時計回りに回転する。結局、リターンの改善効果は ESR 曲線を変えずに ROE 曲線だけを変化させることになる。

図表 9-7（2） リスクの低減効果

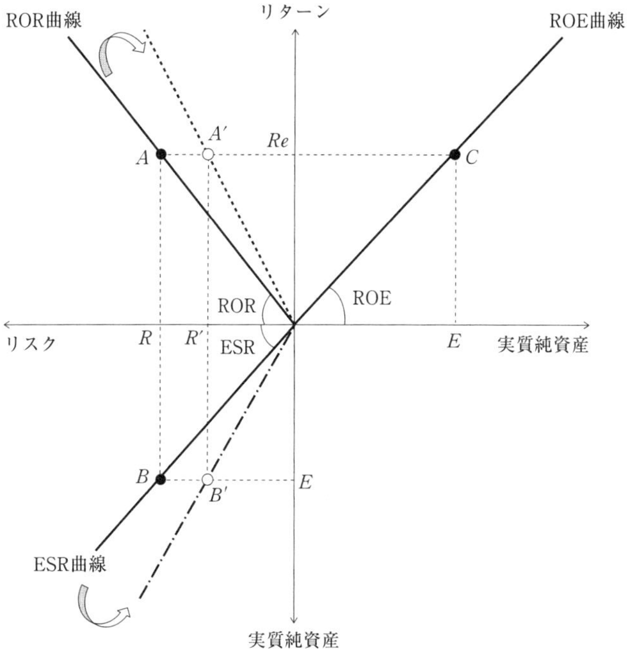

それに対して、リスクの低減効果は図表9-7（2）で描かれている。一定のリターンのもとでリスクだけが減少すれば、ROR曲線上のA点はA'点に移動する。それゆえ、ROR曲線は先ほどと同様に時計回りに回転することになる。

リスクが減少しているのでESR曲線はB点からB'点に移動し、反時計回りに回転する。しかし、リターンは変わらないので、ROE曲線はそのままの状態となる。結局、リスクの低減効果はリターンの改善効果と異なり、ROE曲線は変わらず、ESR曲線だけが変化することになる。

このようにリターンの改善効果ならびにリスクの低減効果が生じると、リスクとリターンの関係が向上し、この図ではROR曲線が時計回りに回転する。ESR曲線とROE曲線は2つの効果で動きが異なるが、ROR曲線は同じ方向へ動いていくことになる。

(2) RORの変化と最適水準

それでは、リスクとリターンの関係が向上した場合、損保ERMの最適な行動はどのように変化していくのであろうか。図表9-8はそのことを描いている。

まず、初期の最適な行動がRR曲線とUU曲線からA点で示されている。最適なESRはESR-Aであり、最適なROEはROE-Aとなる。そのことはすでに図表9-4で説明している。

そこにリターンの改善効果が生じればRR曲線は上方にシフトする。あるいはリスクの低減効果が働くと、RR曲線は右にシフトする。いずれにせよ、リスクとリターンの関係が向上すればRR曲線は$R'R'$曲線となる。

そうすると、新たな$R'R'$曲線に接する効用曲線はUU曲線よりも満足が高い$U'U'$曲線となり、そこで決定されるB点が新たな最適点となる。したがって、ESRはESR-AからESR-Bに上昇し、ROEもROE-AからROE-Bに上昇する。

図表 9-8　リスクとリターンの関係が変化した場合の効果

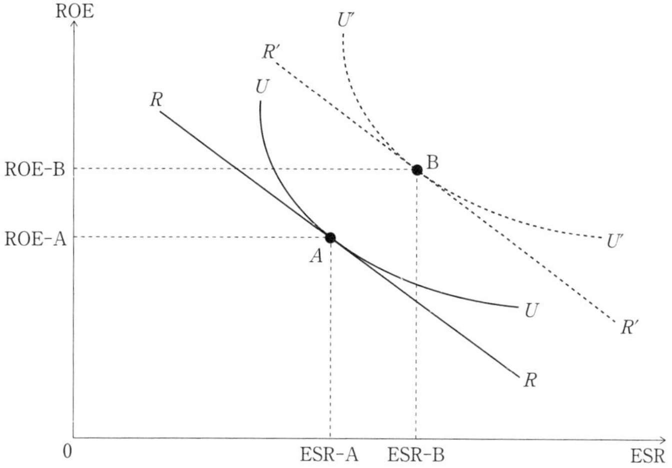

図表 9-9　ROR の変化が損保 ERM に及ぼす効果

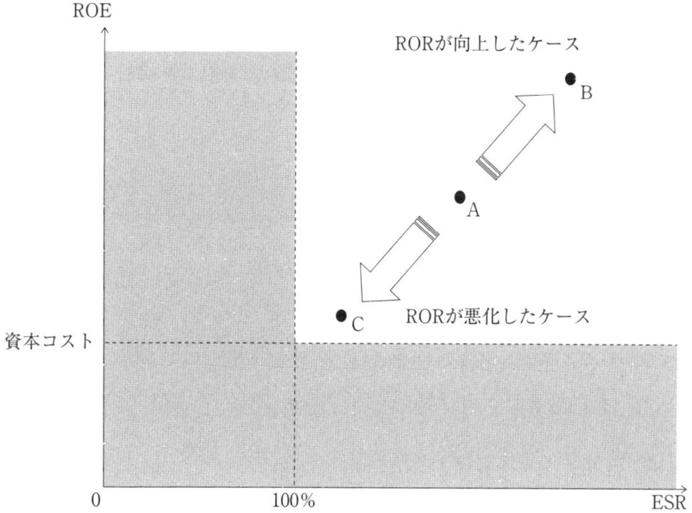

図表 9-9 ではリスクとリターンの関係が向上したケースのほかに、悪化したケースも描かれている。もちろん、向上したケースは A 点から B 点のよ

うに右上に移動し、逆に関係が悪化したケースはA点からC点のように左下に移動する。

ただし、左下の方向へ移動するといっても、ESRが100%を下回った領域やROEが資本コストを下回った領域は、選択の対象とはならないであろう。

このように、損保ERMにおいてリスクとリターンの関係を表すRORが変化すると、最適点は右肩上がりあるいは左肩下がりの方向に移動していく。この性質を利用すれば、先ほどのリスクアペタイトの動きを摑むのと同じように、損保が発表するESRとROEを年度ごとに追うことで、リスクとリターンの関係がどの方向に変化しているかが推測できることになる。

第5節　実際の損保ERMの動き

損保ERMの分析フレームワークに基づきながら、最適なESRならびにROEについて理論的に説明してきた。そこではリスクアペタイトやリスクとリターンの関係が変化することから、最適な損保ERMがどのような動きをするかについて分析してきた。

ここから得られた結果は次のように整理できる。

①リスクアペタイトが変化した場合の効果

危険回避の度合が弱まればESRが下落するのに対して、ROEは上昇する。逆に危険回避の性格が強まればESRが上昇するのに対して、ROEは下落する。すなわち、ESRとROEは反対方向に動く。

②リスクとリターンの関係が変化した場合の効果

RORが向上した場合はESRもROEも上昇するのに対して、RORが悪化した場合はESRもROEも下落していく。すなわち、ESRとROEは同じ方向に動く。

図表 9-10　東京海上ホールディングスの損保 ERM の動き

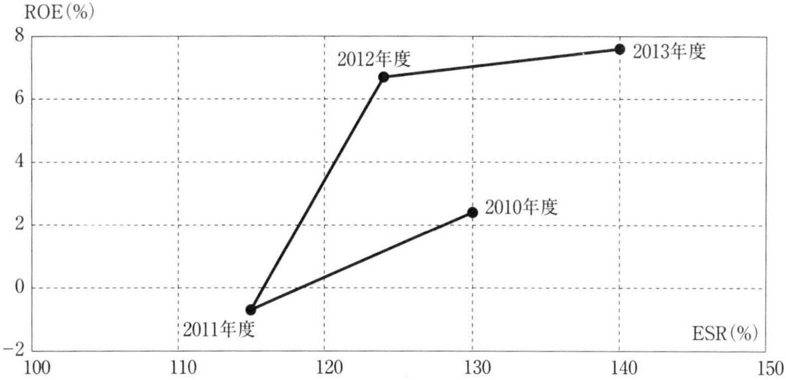

この結果を実際のデータに当てはめることから損保の行動を推測してみたい。図表 9-10 は、東京海上ホールディングスが年度ごとに発行するアニュアルレポートから ESR と ROE の組み合わせを取り出し、2010 年度から 2013 年度の 4 カ年度にわたってプロットしたものである。

この図を見るとわかるように、ESR と ROE は絶えず同じ方向へ動いている。したがって、このことからリスクアペタイトは変わらず、リスクとリターンの関係が変化していると予測できる。

しかも、その関係は改善傾向にあることも窺える。なぜなら、2010 年度から 2011 年度にかけてはリスクとリターンの関係が一時的に悪化しているが、それ以降は ESR も ROE も上向いているからだ。

損保の組織内で経営上の大幅な転換が生じない限り、リスクアペタイトの変更は起きないであろう。ステークホルダーの間で経営の方向性をめぐって大幅な変化が生じない限り、リスクアペタイトの変更ははっきりとした形で生じないと思われる。

それに対して、リターンの改善やリスクの低減は損保にとって絶えず経営努力を重ねなければならない重要な課題である。それゆえ、リスクとリターンの関係が向上しているのは当然の動きであると解釈できる。

ただ、注意してもらいたいのは、あくまでもひとつの損保グループの限られたデータから見た短期的な動きであり、将来の損保業界全体に当てはまるわけではないことである。損保業界は、外国人株主比率の高まりからリスクとリターンの関係を向上させると動きと同時に、リスクアペタイトの変化も徐々に生じていると思われるからである。このことについては以下の章でも触れるので、そのときに詳しく説明していきたい。

第10章
メガ損保グループの事業ポートフォリオ戦略

第1節　損保業界の動き

わが国の損保業界は大手銀行による急激な再編の流れを受け、それに呼応するかのように目まぐるしい勢いで統合・合併を繰り返してきた。その結果、大手銀行の3メガバンクの形成と同様に、大手損保も3つの主要グループに集約されていった。

それが東京海上ホールディングス、MS&ADインシュアランスグループホールディングス、損保ジャパン日本興亜ホールディングスを親会社とする3メガ損保グループである。これらの持株会社の傘下には、子会社組織によるいくつかの事業会社がぶら下がっている。

ひとつはいうまでもなく、国内の損保会社である。それは損保グループの中核会社であり、持株会社が形成される以前から存在する、中心となる事業会社である。東京海上グループの損保会社は東京海上日動であり、MS&ADグループは三井住友海上とあいおいニッセイ同和であり、損保ジャパン日本興亜グループは損保ジャパン日本興亜である。

今日では損保事業だけでは成長の限界が感じられるせいか、他の業務にも力点を置いている。なかでもグループ傘下の生保会社は1996年10月に子会社方式による営業が開始されて以来、着実な歩みを進め、本業の損保事業を補う重要な役割を担っている。

設立当初は生保業界のなかでも小さな存在でしかなかったが、今では主要生保に属するまでに成長している。例えば全生保を対象にした保険料収入のランキング（2012年度）で見ると、MS&ADグループの生保子会社は11位、東京海上グループの生保子会社は15位、損保ジャパン日本興亜グループの生保子会社は18位である。

中核の損保事業を補うのは生保子会社だけではない。3メガ損保グループでは海外事業も積極的に推し進めている。東京海上グループでは2008年に海外のキルン（英国）、フィラデルフィア（米国）、デルファイ（米国）などを買収し、欧米の先進国を拠点にした海外保険事業を拡大させている。

それに対してMS&ADグループは、東京海上グループに比べれば規模が小さいながらも、アジアの新興国に狙いを定めた海外事業展開を繰り広げている。また、損保ジャパン日本興亜グループの海外事業もまだ規模が小さいが、新興国を中心に動きが拡大しつつある。

どのメガ損保グループも海外事業の歴史は浅いが、本業の損保事業がわが国の固有の問題である少子高齢化の影響をもろに受けている現状のもとでは、海外事業にウエイトを置かざるを得ない状況にある。

そのほかにアセットマネジメントや不動産管理業務など、資産運用に関わる金融サービス子会社も抱えている。もちろん、グループ利益を生み出すひとつの役割を担っているが、全体的にはそれほど大きな存在ではない。

したがって、メガ損保グループにとって主要な事業セクションは損保事業、生保事業、海外事業の3種類であるといえる。将来に向けて飛躍的な成長を遂げるには、この体制を発展させていかざるを得ないであろう。

そこで、本章では、これからのメガ損保グループの動きを見るうえで必要な分析フレームワークとして、3種類の事業を対象にした最適な事業ポートフォリオ・モデルを作成していくことにしたい。

単純な資産選択理論から作成された分析モデルを通じて、メガ損保グループの3事業がいかなる条件の変更のもとで変化していくかを数値例から調べていくことにする。これによりメガ損保グループの将来戦略が読み取れるように思える。

第2節　メガ損保グループの事業ポートフォリオ

(1) 3事業の特徴

まず、3メガ損保グループによる活動状況から眺めていくことにしよう。

図表10-1　3メガ損保グループの事業別利益の推移

	2009年度	2010年度	2011年度	2012年度	2013年度
(1) 東京海上ホールディングス					
国内損保事業	462	204	▲261	483	700
国内生保事業	520	275	159	1,103	630
海外事業	765	248	▲119	692	900
金融サービス事業	▲94	▲7	26	▲187	30
合　計	1,653	720	▲195	2,091	2,260
(2) MS&ADインシュアランスグループホールディングス					
国内損保事業	199	65	197	619	478
国内生保事業	58	41	43	98	244
海外事業	131	18	▲1,123	135	180
金融サービス事業	▲51	19	7	20	44
合　計	337	143	▲876	872	946
(3) 損保ジャパン日本興亜ホールディングス					
国内損保事業	467	213	▲713	▲89	65
国内生保事業	446	598	1,000	1,078	857
海外事業	16	24	▲197	118	78
金融サービス事業	▲30	▲27	▲76	7	15
合　計	899	808	14	1,114	1,015
(4) 3メガ損保グループの合計					
国内損保事業	1,128	482	▲777	1,013	1,243
国内生保事業	1,024	914	1,202	2,279	1,731
海外事業	912	290	▲1,439	945	1,158
金融サービス事業	▲175	▲15	▲43	▲160	89
合　計	2,889	1,671	▲1,057	4,077	4,221

(注1) 東京海上HDと損保ジャパン日本興亜HDは修正利益、MS&ADインシュアランスグループHDはグループコア利益を意味する。
(注2) 単位：億円。▲はマイナスを示す。
(注3) 資料：各グループのアニュアルレポート（各年度)。

図表10-1は、3メガ損保グループの主要事業別利益の推移を2009年度から2013年度までの5年間にわたって整理したものである。グループごとに利益の分布が多少異なっているが、全体的にはほぼ共通した特徴が見出されるようである。

先ほども指摘したように、金融サービス事業はどのグループを見ても、現在の段階では利益に対して明確な形で貢献していない。それゆえ、グループ全体の活動を見るには、損保・生保・海外の3事業に注目すればよいことがわかる。

そこで、これら3事業に絞りながらグループ合計値の推移を描くと、図表10-2のようになる。これを見ると、中核の損保事業はリスク引受の性格からある程度の変動を被る傾向が確認できる。大型台風や大地震など予測不可能な自然災害の発生によって、支払額も大きく変動するからである。

同様に海外事業も利益のブレが大きくなる傾向が読み取れる。海外事業といっても海外での損保事業が中心であるため、当然の動きといえるかもしれない。この図では損保事業と海外事業がほぼ同じ動きを示しているが、必ずしも両者の相関が正であるとは限らない。

むしろ逆の方向に動く負の相関を期待するからこそ、海外事業が進められ

図表10-2　3メガ損保グループの事業別利益の合計値

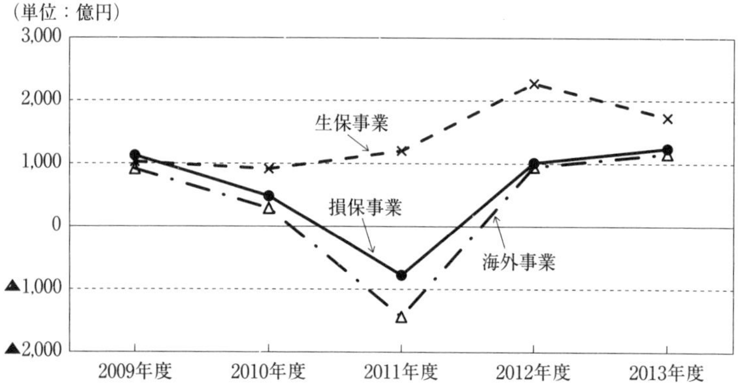

ているとも解釈できる。なぜならリスク分散化を図ることで、グループ全体の利益のブレを安定化できるからである。

したがって、国内の損保事業と海外事業の関係を長期にわたって観測すれば、正の相関よりもむしろ負の相関が見出されると思われる。あるいは負の相関がなくても、両者の間に形成される相関係数は＋１よりも小さな値が見出されるであろう。

それに対して生保事業は、損保事業や海外事業と異なり、安定的な動きを見せている。しかも観測期間を見る限り、グループ全体の利益を牽引している様子が理解できる。これは生保事業そのものが想定外のリスクにさらされていないからである。

基本的に生死に関わるリスクはほぼ正確に予測され、それに基づいて事業を展開している。そのため利益が安定的に確保できるのである。もちろん、生保の場合は損保と違って資産運用リスクが大きいので、利益がいつでも確定しているわけではない。だが、やはり長期的には利益のブレが小さい傾向は否定できないであろう。

(2) 事業ポートフォリオ・モデル

このようにメガ損保グループ傘下の３事業について見てきたが、それらの性格を平均・分散アプローチあるいは2パラメータ・アプローチと呼ばれる伝統的な資産選択理論の分析フレームワークにそのまま当てはめれば、図表10-3のように描くことができる。

この図では、縦軸にそれぞれの事業から生み出される利益率の期待値（μ）を取り、横軸にはリスクに相当する利益率の標準偏差（σ）を取っている。そのなかで各事業の性格をこの図に反映させると、損保事業はA点、海外事業はB点、生保事業はC点として表すことができる。

まず、損保事業はリスクを伴いながらもある程度の利益率が期待されるので、図のなかで右上のA点で示されている。その意味ではハイリスク・ハ

図表 10-3　事業ポートフォリオ・モデル

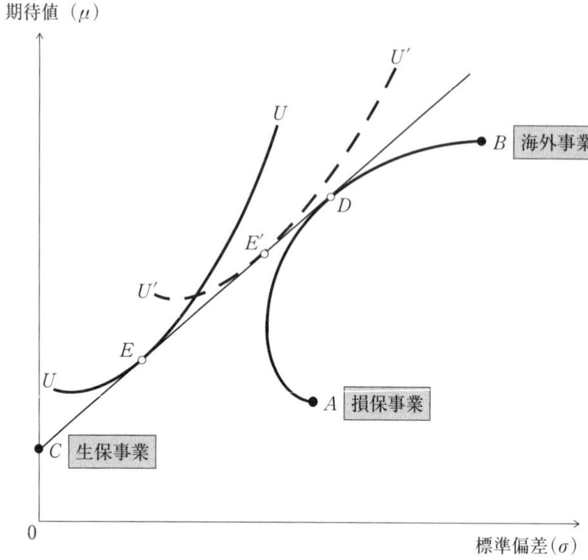

イリターンの事業といえるかもしれない。

同様に海外事業も同じ性格を持っている。だが、海外事業は損保事業よりもリスクも高ければ利益率も高いと予想される。それゆえ、損保事業のA点よりもさらに右上のB点に位置づけられている。

それに対して生保事業は、安定的に一定の利益率が得られる可能性が高い。そのため標準偏差がゼロで、ある一定の期待値が確保できるので、図の縦軸上に位置づけられる。ただ、損保事業に比べればリスクを取らないので、期待値は低いであろう。それゆえ、生保事業のC点は縦軸上で、しかも損保事業のA点よりも下方に位置づけられる。

こうした3事業のなかで注目しなければならないのは、損保事業と海外事業の関係である。なぜなら、2つの事業の間でリスク分散化効果が期待できるからである。これにより両者の間に成立する相関係数が-1に近づくにつれて、両事業の組み合わせを表すAB曲線は左側に膨らんでいく。

損保事業だけに特化するのではなく、海外事業も同時に行うことで、2つの事業から生み出される利益率のブレは縮小化され、標準偏差は小さくなる。メガ損保グループが海外事業に向けて精力的に取り組む理由のひとつとして、こうしたリスク分散化効果を求めていることがわかる。

最終的な全体の利益率の状態は、生保事業のC点と損保・海外の合成事業のD点を結んだCD直線上で示される。この場合、メガ損保グループは期待効用を最大化する行動を取るので、危険回避者を前提とした無差別曲線UUと、機会線CDが接するE点で決定づけられる。

ここで、メガ損保グループの経営方針が変更され、リスクを負う傾向が強まったとしよう。リスクアペタイトの変更は無差別曲線の傾きで表現されるので、危険回避の度合が弱まれば、曲線の傾きは緩やかになる。そのことを描いたものが、点線で示した無差別曲線$U'U'$である。

無差別曲線の傾きが変わることで、全体の利益率の状態を表す決定点はE点からE'点に移動していく。そのためには、メガ損保グループが展開する損保・海外・生保の3事業のポートフォリオを変更していかなければならないことになる。

第3節　数値例による分析

(1) 基本モデルの前提条件

メガ損保グループの経営行動を簡単な資産選択理論を利用しながらモデル化したので、次に、いかなる条件のもとで3事業のポートフォリオが決定づけられるかを数値例から明らかにしていきたい。

そこで、先ほどの事業ポートフォリオ・モデルに以下のような数値を設定することにする。なお、▲はマイナスを示す。

【3事業の初期値】

損保事業の利益率（A点）　$\mu=4\%$、$\sigma=4\%$

海外事業の利益率（B点）　$\mu=8\%$、$\sigma=8\%$

生保事業の利益率（C点）　$\mu=3\%$、$\sigma=0\%$

【2事業の相関関係】

損保事業と海外事業の相関係数　▲0.6

【期待効用関数】

期待効用関数　$a\mu+b(\mu^2+\sigma^2)$　ただし $a=10$、$b=-0.8$

このような初期条件から、期待効用を最大化する最適な事業ポートフォリオを求めていく。その目標を達成するため、以下のような2段階のプロセスを踏んでいく。

最初に、損保事業と海外事業から生み出される最適な合成事業の期待値と標準偏差を求めていくことにしよう。それは先ほどの図表10-3のD点であり、C点から伸びた直線が左側に膨らんだAB曲線に接する点である。

そこで、可能なすべての事業割合から繰り返し計算し、条件に合った最適な損保・海外事業の割合を求めていく。それを用いて合成事業の利益率の期待値と標準偏差を弾き出していく。それは次のようになる。

【損保・海外事業による合成事業】

合成事業の利益率（D点）　$\mu=5.52\%$、$\sigma=2.52\%$

次のプロセスとして、生保事業のC点と損保・海外の合成事業のD点を結ぶ直線と無差別曲線が接するE点の期待値と標準偏差を求めていく。その点が全体の期待効用水準を最大化する最適点であり、ここから3事業の割合も決定づけられる。

やはり可能なすべての生保事業と損保・海外の合成事業の割合から繰り返

し計算することで、事業ポートフォリオ全体の利益率の期待値と標準偏差、そして最適な3事業の割合を求めていく。結果は次の通りである。

【事業ポートフォリオ全体】
全体の利益率（E点）　$\mu=4.64\%$、$\sigma=1.64\%$
【最適な3事業の割合】
損保事業：海外事業：生保事業
＝0.40：0.25：0.25

メガ損保グループは、各事業から得られる利益率の期待値だけでなく、リスクも考慮しながら合理的な行動を取っている。基本モデルから最適な事業ポートフォリオを求めるアプローチは、まさにメガ損保グループの行動を表しているといえる。

(2) 事業ポートフォリオの変化

次に初期条件が変更された場合、事業ポートフォリオがどのように変化していくかを見ていくことにしよう。初期条件の変更として、①海外事業の利益率の変化、②損保事業と海外事業の相関関係の変化、③生保事業の利益率の変化、④リスクアペタイトの変化を取り上げたい。

図表10-4は、数値例の初期条件をはじめとして、条件が変更された場合の諸結果が整理されている。以下では条件の変更が生み出す重要な結果だけを取り出していくことにする。

①海外事業の利益率の変更――海外事業のμとσが上昇するケース――

海外事業の利益率が初期条件の（μ, σ）＝(8, 8）から（μ, σ）＝(10, 10）になった場合、3事業ポートフォリオの割合は初期値から次のようになる。

図表 10-4　事業ポートフォリオ・モデルの数値例

（Ⅰ）損保・海外による合成事業の形成

	【1】3事業ポートフォリオ						【2】合成事業		
	（A）損保事業		（B）海外事業		（C）生保事業		（D）損保・海外の合成事業		
	μ	σ	μ	σ	μ	σ	相関係数	μ	σ
（1）基本モデル									
初期値	4	4	8	8	3	0	▲0.6	5.52	2.52
（2）条件の変更									
①海外事業のμとσの上昇	4	4	10	10	3	0	▲0.6	6.04	2.79
②損保事業・海外事業 相関係数の変化	4	4	8	8	3	0	▲0.7	5.48	2.16
③生保事業のμの下落	4	4	8	8	1	0	▲0.6	5.36	2.40
④リスクアペタイトの減少	4	4	8	8	3	0	▲0.6	5.52	2.52

（Ⅱ）損保・海外・生保による合成事業の形成

	【1】3事業の割合			【2】最終決定点（E）		【3】期待効用関数		
	損保事業	海外事業	生保事業	μ	σ	係数 a	係数 b	期待効用
（1）基本モデル								
初期値	0.40	0.25	0.35	4.64	1.64	10	▲0.8	27.03
（2）条件の変更								
①海外事業のμとσの上昇	0.38	0.20	0.42	4.76	1.62	10	▲0.8	27.39
②損保事業・海外事業 相関係数の変化	0.47	0.27	0.26	4.84	1.60	10	▲0.8	27.60
③生保事業のμの下落	0.61	0.31	0.08	5.01	2.21	10	▲0.8	26.13
④リスクアペタイトの減少	0.51	0.31	0.18	5.07	2.07	10	▲0.7	29.71

（注1）記号μは期待値、σは標準偏差、▲はマイナスを示す。網掛けは基本モデルと異なる箇所を意味する。
（注2）期待効用関数は　$a\mu + b(\mu^2 + \sigma^2)$　と定義する。

損保事業の割合：海外事業の割合：生保事業の割合

＝0.40 → 0.38：0.25 → 0.20：0.35 → 0.42

海外事業がハイリスク・ハイリターンの傾向を強めると、海外事業の割合は低くなることを意味している。しかも、損保事業の割合も低くなる。それに対して生保事業の割合は増えていく。

危険回避の性格を持つ限り、海外事業でリスクが高まれば安定化をもたらすように損保事業も抑えつつ、安全確実な生保事業の割合を増やそうとする。そのことが3事業ポートフォリオの変化となって表れている。

今日、メガ損保グループは海外事業を拡大する傾向にあるが、この数値例を見る限りでは、海外事業のハイリスク・ハイリターンの性格は影響していないように感じる。高い収益率は海外事業を推し進める要因であるが、それに伴って生じるリスクの上昇は、その進出を抑える方向に働くからだ。

②損保事業と海外事業の相関関係の変更――負の相関が強まるケース――

損保・海外事業の相関係数が▲0.6から▲ 0.7になった場合、3事業ポートフォリオは次のように変化する。

損保事業の割合：海外事業の割合：生保事業の割合

＝0.40 → 0.47：0.25 → 0.27：0.35 → 0.26

損保事業と海外事業の間でリスク分散化効果が強まるケースである。これにより損保事業と海外事業の割合が同時に上昇している。それに対して生保事業は相対的に魅力が弱まるため、その割合は減少している。

この数値例から推測する限り、メガ損保グループにとって海外事業の進出は、中核の損保事業との間に生じるリスク分散化効果を狙った戦略であると解釈できる。これにより海外事業だけでなく中核の損保事業も伸ばしていくことができるため、まさに魅力的な経営戦略である。

③生保事業の利益率の変更——生保事業のμが下落するケース——

生保事業の利益率のμが3%から1%へ下落した場合、3事業ポートフォリオは次のように変化する。

損保事業の割合：海外事業の割合：生保事業の割合
＝0.40→0.61：0.25→0.31：0.35→0.08

生保事業は損保事業や海外事業と異なり、リスクという厄介な問題を回避できるが、利益率そのものに魅力が弱まれば、グループ全体における生保事業の割合は低くなる。それに対して、損保事業と海外事業は相対的に魅力が高まるので、両者の割合は増えていく。

とりわけ、損保事業は強化されていくことになろう。損保事業のほうが海外事業に比べてリスクが低いからである。生保業務の低迷を損保事業で確実に補おうとする動きが強まっていくのである。

④リスクアペタイトの変更——危険回避の度合が弱まるケース——

このモデルにおいて、危険回避の度合は期待効用関数の係数 b で示される。ここでは危険回避の度合が弱まったケースとして、係数 b が▲0.8から▲0.7に変化した場合を分析している。それは次の通りである。

損保事業の割合：海外事業の割合：生保事業の割合
＝0.40→0.51：0.25→0.31：0.35→0.18

メガ損保グループのリスクアペタイトが変化し、リスクに対して積極的に向かう姿勢が少しでも強まれば、ハイリスク・ハイリターンの性格を持つ損保事業と海外事業の割合は上昇し、対照的な性格を持つ生保事業の割合は逆に減少していく。3事業ポートフォリオの変化はこのことを示している。

第4節　海外事業の方向性

わが国のメガ損保グループは3事業の分散化を進める傾向にある。国内の損保事業を中核としながらも、生保事業ならびに海外事業も着実に伸ばしている。

生保事業については、伝統的な大手生保の販売チャネルと違った独自の損保代理店を有効に活かすことで契約高を拡大させている。まさに損保事業と生保事業が相乗効果を発揮しているといえる。

一方、海外事業は生保事業に比べれば、現在のところ、規模がまだ小さいが、将来的にはグループ全体を強固に支える存在にまで発展することが期待されている。海外事業の中心はやはり損保業務である。それゆえ、海外業務が拡大すればするほど、国内の損保事業との間に生じるリスク分散化効果に注意を払わなければならない。

また、メガ損保グループの有力な大株主として外国人のウエイトが高まれば、今までの経営に変化が生じるであろう。なぜなら、外国人株主は短期的利益を求めるあまり、経営の方針を大きく転換させ、危険回避の度合を弱めていく傾向があるからだ。

そうした損保経営の本質に関わるリスクアペタイトの変更が実施されれば、基本モデルの数値例からもわかるように、海外事業へのウエイトが一層高まっていくことが予想される。損保事業や生保事業にも影響を及ぼすが、とりわけリスクへの取組み姿勢は損保グループの海外事業への方向性を決定づけると思われる。

わが国の少子高齢化現象は国内のあらゆる産業に深刻なダメージを与えているが、損保業界にとっても主力の自動車保険の低迷など企業の成長を抑える現象が明確に表れている。それを補完するためにも海外事業の進出が叫ばれ、着実に実行しているのが今日の損保業界であろう。

その動きを説明する場合、国内の損保事業よりも海外事業のほうが収益性が高いことを指摘するかもしれない。だが、それに伴うリスクを考えれば、必ずしも安易に海外事業を推し進めるわけにはいかない。

それにもかかわらず、海外事業に向けて着実な歩みを見せているのは、本章で展開した事業ポートフォリオの分析フレームワークに従う限り、すでに損保自身のリスクアペタイトが徐々に変化しているからだと思える。

第11章

保険会社のグローバル化

第1節　保険会社の海外進出

(1) 人口減少による日本経済の低迷

最近の保険会社の際立つ活動として海外進出が挙げられる。一般の事業会社と同様に、生保も損保も海外市場に目を向け、アジアや欧米の現地会社を買収あるいは出資し、海外事業の収益を増やしている。

特にアジア市場への進出は生損保ともに勢いを強めている。そこでは現地のニーズに合うような保険商品や販売手法を開発しながら、シェアを確実に高めている。

収入保険料が1990年代後半を境に低迷していることからもわかるように、保険会社のグローバル化は顕著な国内市場の縮小化現象に起因している。わが国の人口が減少傾向をたどるなかで日本経済そのものが勢いを失い、保険市場もそれに連動するかのように市場規模を縮めている。

とりわけ、人口減少は深刻な少子高齢化問題を引き起こし、日本経済にとっても保険会社にとっても成長を抑制する要因となっている。その結果が長期にわたる日本経済の低迷であり、保険市場の縮小化現象である。

人口さえ増えれば日本経済も保険市場も活性化され、過去の勢いを取り戻せるかもしれない。だが、人口を増やすのはかなり難しく、政府による有効な対策が見出せないままである。長期的には若干期待できる対策も多少あるが、短期的にはこのまま人口減少を受け入れざるを得ないのが現状である。

こうしたなかで新たな経営活動の領域を広げていくのが、民間会社としての保険会社の自然な行動であろう。その具体的な動きが海外事業への進出として現れている。以前にも海外に向けた活動は行われていたが、それは日系企業の海外リスクの引受が主な役割であった。だが、今日では海外市場に向けて本格的に進出している。

このように保険会社のグローバル化を促す直接的要因は、国内経済の長期にわたる低迷状態にある。このことは多くの人々が共通して感じているであろう。だが、経営者にとって新たな領域に踏み込むにはかなりの決断力を必要とする。そのため、国内経済の低迷だけでなく、別の間接的要因も影響していると思われる。

(2) ERM経営と外国人株主

間接的要因として多くの事柄が思いつくが、ここでは第9、10章でも触れたように、保険会社に浸透しつつあるERM経営の実践と、上昇傾向にある外国人株主比率の2点について注目していきたい。

ERM経営は損保だけでなく生保にも適用可能な経営手法である。しかも、その機能は単に保険会社が抱えるあらゆるリスクを把握するだけでなく、リスクに見合ったリターンを追求するためのものでもある。これにより保険会社は安定的で着実な成長を歩むことができる。

もしERM経営の手法が浸透しなかったならば、リスクやリターンについて認識されないために、低収益の経営環境にもかかわらず、国内事業に専念したかもしれない。だが、それは最終的に自己資本を毀損し、経営を不安定なものにする。

リスクとリターンを十分に認識し管理するERM経営の体制が整備されてさえいれば、収益性の高い海外事業に目を向けざるを得なくなる。海外事業は国内事業に比べてリスクが高いが、それなりに高いリターンが期待できる。

ERM経営に従えば、国内事業だけに専念せず、海外事業にも経営資源を振り向けたほうが効率的な経営が行える。

そのなかで外国人株主の存在が無視できない割合に達している。周知のように主要生保は依然として相互会社組織の会社も目立つが、損保業界では現在のところ存在しない。それゆえ、ここでは株式会社組織に焦点を当てている。

実際に主要保険会社の株主構成に占める外国法人等の割合を見ると、第一生命（44.8%）、東京海上ホールディングス（42.7%）、損保ジャパン日本興亜ホールディングス（43.3%）、MS&ADインシュアランスグループホールディングス（39.1%）である。ただし、第一生命は2014年9月末、その他3社は2014年3月末のデータである。

一般に国内株主と外国人株主では投資に対する姿勢が違っている。国内株主は純投資よりも政策投資を重視するため、本来の株式投資家としての要求は弱い。ここでいう政策投資とは、仕事上のつながりを求めた投資行動である。

ところが、それとは対照的に外国人株主は配当の増額ならびに株価の上昇を積極的に求めてくる。具体的にはROEを高めることで、これらの目標を達成しようとしている。

したがって、外国人持株比率の上昇は、保険会社にとっていつまでも収益性の低い国内事業に留まることができず、リスクを伴いながらもそれなりに高いリターンが期待できる海外事業に進出せざるを得ないことを意味する。

このようにERM経営が浸透し、さらに外国人持株比率が上昇すれば、高いリターンが期待できる海外事業に向かっていく。国内事業の低迷が海外事業を推進する直接的要因であることは誰もが認める事実であるが、これら2つの間接的要因が存在しない限り、今日のような保険会社のグローバル化は見られなかったであろう。

本章では、人口減少による日本経済の低迷を経済背景としながらも、

ERM 経営の浸透と外国人株主比率の上昇が保険会社のグローバル化を推進させていく姿を描いていきたい。アプローチとして ERM 経営の基本モデルに従いながら、保険会社の経営を資本の収益性と健全性の２つの視点からチェックしていく。

これにより保険会社が国内事業に専念したならば、収益性ばかりか健全性も悪化し、最終的には危機的な状況に追い込まれることを確認する。グローバル化はこうした事態を回避するための有効な手段であり、しかも外国人株主比率の上昇はその動きをさらに加速することも明らかにしていきたい。

第２節　保険会社の経営メカニズム

(1) ERM 経営の基本構造

保険会社のグローバル化を説明する前に、一般化された経営の基本構造から見ていくことにしよう。まず保険会社の主要な業務はリスク引受にあるため、リスクに見合ったリターンが得られるように適切な保険料を設定しなければならない。これにより「リスク対比の収益性」の向上が期待される。

もちろん、保険会社ごとにリスク選好度が異なるため、取組姿勢は一律ではない。積極的にリスクを受け入れる保険会社もあれば消極的な保険会社もあろう。それはリスクアペタイトの相違として表現される。

保険会社は独自に与えられたリスクアペタイトのもとで最大の利益が得られるように業務を遂行しなければならない。そのためには「資本の効率性」を高めていく必要がある。ROE は、保険会社がどれだけ資本を効率的に動かしているかを探る代表的な経営指標である。

株主をはじめとするステークホルダーは、決算などで発表される ROE の数値を見ることで、経営の実態を正確に把握できる。もし低い ROE の保険会社があれば、株主から ROE の引き上げを強く要求されるであろう。

その一方で、高いリターンを求めるあまり、リスクも高くならざるを得ない。ハイリスク‐ハイリターンの経営を展開する限り、高い利益が発生する場合もあれば、逆に巨額の損失を抱える場合もある。

利益が得られれば資本金は増大するが、予想に反して損失が発生すれば資本金は毀損する。そのことは「資本の健全性」という基本的条件を傷つけるので、最終的に保険会社の経営を行き詰まらせてしまう。

保険会社が抱える厳しい条件のもとで弾き出されたリスク総量よりも資本金が下回れば、実質的にリスク引受が困難な状態に追い込まれる。これでは保険会社の運営を続けていくことができなくなる。

こうした最悪の事態を避けるため、ERM 経営では独自のリスクアペタイトのもとで、リスク対比の収益性、資本の効率性、資本の健全性という 3 つの条件をバランス良く組み合わせながら、「成長の持続性」と「株主価値の向上」を目指すことになる。

保険会社はゴーイングコンサーンの視点から経営を長期的に捉えていかなければならない。成長の持続性は保険会社の目標といえる。それに合わせて、株式会社組織の保険会社ならば株主価値の向上も重要な目標として掲げられる。具体的には株価の上昇であろう。

株主にとって株式保有の目的は株価上昇にあるため、ERM 経営の目標も株価をできる限り上昇させることにある。しかも長期にわたって株価を高めていくには、成長の持続性が伴わなければならない。それゆえ、株価上昇による株主価値の向上と成長の持続性は、相互に関連し合う関係にあるといえる。

(2) ERM 経営モデルのフレームワーク

次に ERM 経営の基本構造に従いながら、以下で展開するシミュレーションのモデルを示すことにしたい。図表 11-1 は、保険会社の経営メカニズムをシステム・ダイナミクス・ソフトの Powersim Studio を用いて描いたものである。章末の付録 11（A）ではモデルの方程式が整理されている。

図表 11-1　保険会社の ERM 経営モデル

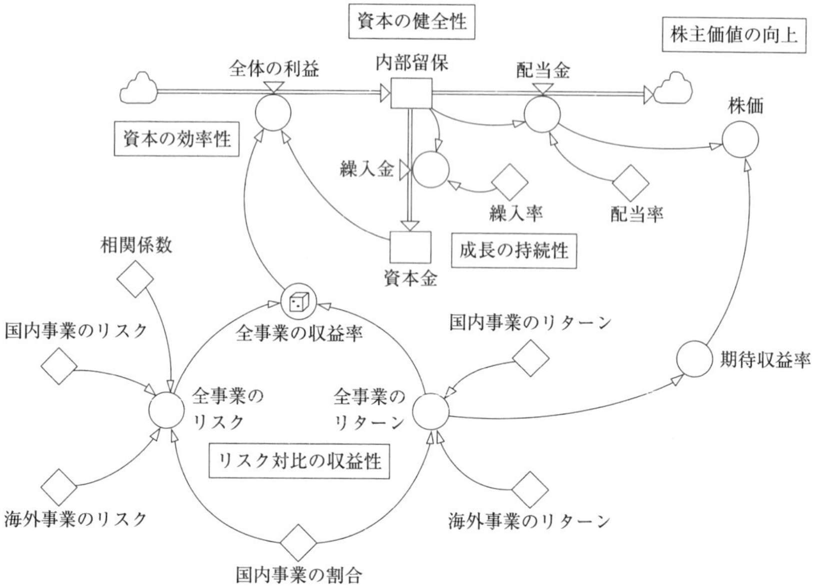

まず、保険会社には「**国内事業**」と「**海外事業**」の２種類があり、収益率の性格が異なっている。国内事業は日本経済の低迷を反映してリターンもリスクも低い。それに対して海外事業は両方とも高い。

ただし、このモデルでは収益率を正規分布に従う確率変数とみなし、その期待値をリターン、標準偏差をリスクとして扱っている。これによりリターンとリスクが抽象的な概念で留まらずに、具体的な数値として表現できる。

次に全事業のリターンとリスクが国内事業と海外事業の「**事業割合**」から決定づけられると、このソフトのもとでは「**全事業の収益率**」がランダムな変数として自動的に発生する。それでも事業割合をコントロールすることから、保険会社が望む「**リスク対比の収益性**」が求められることになる。

ここで保険会社の「**資本金**」に全体の収益率を掛けることから、「**全体の利益**」が得られる。初期の資本金は、保険事業を運営するにあたって投資家から集めた資金である。なお、この資金は保険会社が抱えるリスク総量に相当する金額でもあると想定している。

そうすると、投資家にとって関心の高いROEは全体の利益率の期待値であると解釈できる。したがって、「**資本の効率性**」を満たすためにROEを引き上げようとするならば、事業割合を国内事業から海外事業に向けて高めていくことになる。

こうして生み出された利益は一旦「**内部留保**」に流れるが、「**繰入率**」を掛けた金額が「**繰入金**」として資本金に流入する。これにより「**成長の持続性**」が達成される。この場合の資本金は、経営規模の増大を意味すると同時にリスク総量の増大も意味している。リスク総量に相当する資本金が積み増しされると想定しているため、保険事業を運営するうえで必要不可欠な最小限の金額となる。

内部留保に流れた全体の利益は、そのほかに「**配当率**」を掛けた金額が「**配当金**」として流出していく。配当割引モデルをイメージした計算方法から、配当金を「**期待収益率**」で割ることで「**株価**」を求めている。配当金とともに株価が上昇すれば、保険会社の最終目標でもある「**株主価値の向上**」が達成できることになる。なお、期待収益率は全事業のリターンを充てている。

資本金と配当金に向けて流出した残りの資金は内部留保に留まる。そのため内部留保は絶えず変動する。高い利益が得られれば内部留保は増えていくが、逆に損失が発生したときは減っていく。

もし損失が続き内部留保がマイナスの状態になったならば、最終的に資本金を毀損させることになる。ここまで追い込まれると、保険会社が抱えるあらゆるリスクを吸収するのが難しくなる。

こうして見ていくと、リスク対比の収益性が不十分ならば資本の効率性を悪化させ、保険事業を健全に運営するうえで絶対的な条件である資本の健全性を弱めていく。その結果、保険会社の目標である成長の持続性ならびに株主価値の向上が達成できなくなる。

この場合の対策として、リスク対比の収益性を高めるように保険業務の中身を変更しなければならない。つまり、リスクに対して高いリターンが得られるように、海外業務にもウエイトを置くようにするのである。これにより資本の効率性や健全性だけでなく、成長の持続性や株主価値の向上も満たすことができる。

第3節　ERM経営モデルのシミュレーション結果

(1) 基本モデル――国内業務に専念したケース――

保険会社の経営メカニズムが理解できたところで、早速、わが国の保険会社がグローバル化に進まざるを得ない理由を簡単なシミュレーションから説明していきたい。図表11-2では、先ほどのERM経営モデルに基づきながら、保険会社の経営戦略について分析した結果が整理されている。

このモデルでは先ほども触れたように収益率が確率変数として扱われ、期待値をリターン、標準偏差をリスクと呼んでいる。ここでは、国内事業の収益率についてリターン4%、リスク4%、海外事業の収益率はリターン8%、リスク8%として設定されている。

それゆえ、全事業の収益率が事業割合と相関係数から正規分布に従う確率変数として自動的に決定され、ランダムな数値が最終期間である第100期まで毎期ごとに出るようになっている。

こうした保険会社の収益メカニズムが明示されたところで、資本の効率性を示す全事業の収益率が内部留保と資本金にどのような変化をもたらすかを見ていく。資本の健全性の検証である。また、株主価値の向上を確認するため、配当金と株価の動きも追っていく。

まず、保険会社が国内事業だけに専念した「**①基本モデル**」から見ていこう。初期値として配当率30%、相関係数0.3が設定され、出発時点の第0期では内部留保0、資本金100、配当金0、株価0となっている。

図表 11-2　保険会社の ERM 経営モデルによるシミュレーションの結果

モデルのタイプ	初期設定			リターンとリスクの関係			最終結果				
	国内事業の割合	配当率	相関係数	全事業のリターン	全事業のリスク	ROR	期間 0 期	内部留保 0	資本金 100	配当金 0	株価 0
①基本モデル （国内業務に専念したケース）	100%	30%	0.3	4.00%	4.00%	1.00	51 期	▲1	167	—	—
②グローバル化モデル （海外事業に進出したケース）	80%	30%	0.3	4.80%	3.98%	1.21	100 期	48	309	14	297
③外国人株主増大モデル （配当率引き上げのケース）	80%	40%	0.3	4.80%	3.98%	1.21	51 期	▲0	163	—	—
〈対策 1〉相関係数の引き下げ	80%	40%	0.2	4.80%	3.85%	1.25	100 期	32	250	13	267
〈対策 2〉グローバル化の推進	70%	40%	0.3	5.20%	4.20%	1.24	100 期	37	270	15	287

（注 1）国内事業のリターン＝4%、国内事業のリスク＝4%、海外事業のリターン＝8%、海外事業のリスク＝8%と仮定している。内部留保＝0、資本金＝100 を初期値としている。

（注 2）全事業のリターン＝国内事業のリターン×国内事業の割合＋海外事業のリターン×(1－国内事業の割合)

（注 3）全事業のリスク＝(国内事業のリスク^2×国内事業の割合^2＋海外事業のリスク^2×(1－国内事業の割合)^2＋2×相関係数×国内事業のリスク×海外事業のリスク×国内事業の割合×(1－国内事業の割合))$^{(1/2)}$

（注 4）ROR はリスクに対するリターンの割合であり、リスク対比の収益性を示す指標である。

（注 5）網掛けは変更した部分を意味する。▲はマイナスを示す。

国内事業しか行われていないので事業割合は100%となる。こうした条件のもとで発生する全事業の収益率のリターンは4%、リスクは4%となり、RORは1.00となる。RORはリスクに対するリターンの割合であり、リスク対比の収益性を示す指標である。

シミュレーションの結果を見ると、第51期目に内部留保がマイナスの状態になっている。資本金は100から167に増大しているが、この金額は保険会社が抱えるリスク総量に相当するものとして扱っている。それゆえ、内部留保がマイナスに陥ることから、実質的な資本金はリスク総量の絶対額をカバーできなくなる。

このままでは保険業務の継続が難しくなり、配当金は無配で株価も値がつかなくなる。事態を打開するには国内業務に専念する経営戦略を転換し、ハイリスク・ハイリターンの海外業務にも目を向けていかなければならないことに気づくであろう。

(2) グローバル化モデル——海外事業に進出したケース——

次に海外業務に踏み込んだケースについて見ていこう。図表11-2の「②**グローバル化モデル**」では、先ほどの基本モデルの初期設定に事業割合だけを変更している。国内事業の割合を100%から80%にし、残りの20%を海外事業に充てている。

これにより全事業のリターンは4%から4.8%に上昇し、リスクは4%から3.98%に減っている。リスクが高い海外事業に進出したにもかかわらず全事業のリスクが低くなっているのは、国内事業と海外事業の間でリスク分散化効果が生じているためである。

グローバル化のメリットは、単に全事業のリターンを上昇させるだけでなく、リスクを低下させることにもある。海外事業の進出という新たな事業ポートフォリオ戦略を取ることで、二重のメリットが得られる。これによりRORは1から1.21に上昇し、リスク対比の収益性が向上する。

シミュレーションの結果を見ると、第100期の内部留保は48、資本金は309、配当金は14、株価は297となっている。国内事業だけに専念した場合と異なり、内部留保は第100期までマイナスにならず、資本金を毀損させない。しかも配当金が支払われ、株価も形成されている。

国内事業だけでは資本の健全性が満たせず、それを補うために高いリターンが期待できる海外事業に進出せざるを得ないことがわかる。しかも、国内事業との間にリスク分散化効果が作用するため、全体のリスクを薄めることもできる。

したがって、保険会社のグローバル化を促す要因として、海外事業の進出から生み出されるローリスク・ハイリターンという理想的な収益環境が挙げられる。

(3) 外国人株主増加モデル――配当率引き上げのケース――

保険会社を取り巻く環境の変化として、外国人株主比率の上昇が挙げられる。そのため従来の保険会社に見られたような政策投資の姿勢は薄れ、本来の純投資を目指す動きが強まっている。

図表11-2の「**③外国人株主増大モデル**」では、外国人株主の強い要求から配当率が30%から40%に引き上げられたケースが扱われている。それ以外は先ほどのグローバル化モデルの初期設定と同じである。

配当率だけが変更されているので、全事業のリターンは4.80%、リスクは3.98%でまったく変わらず、RORは1.21のままである。だが、配当率が高まったことから内部留保は第51期目で枯渇している。これにより資本の健全性が満たされないことになる。

外国人株主は純投資の性格から高い配当率を要求するが、このままでは保険会社の持続性に疑問が残る。そのため、この問題を解消する方法として2つが考えられる。ひとつが国内事業と海外事業の相関係数を低めることである。両事業の相関関係を弱めることでリスク分散化効果を強めるのである。

ここでは、〈**対策1**〉として相関係数を0.3から0.2に低下させたケースが示されている。この場合、全事業のリターンは4.80%と変わらないが、リスクが3.98%から3.85%に低下するため、RORは1.21から1.25へ上昇する。内部留保は最終的に32となり、第100期までマイナスの状態にならずに済む。なお、資本金は250、配当金は13、株価は267となる。

確かに高い配当率が求められた場合、国内事業と海外事業の相関関係を弱めることでERM経営の諸条件が満たされる。しかし、両事業の相関関係を変えずにグローバル化をさらに推し進める方法も考えられる。

このシミュレーションでは、〈**対策2**〉として両事業の相関係数を0.3のままにしながら、国内事業の割合を80%から70%に引き下げている。つまり、海外事業の割合を20%から30%に上昇させ、保険会社のグローバル化をいままで以上に強化している。

そのときの全事業のリターンは5.20%、リスクは4.20%となり、RORは1.24となる。その結果、内部留保はプラスの状態を保ち続け、最終の第100期では37となる。また、資本金は270、配当金は15、株価は287となる。

外国人株主の要求として高い配当率を取り上げたが、一般的にERM経営のもとでは、資本の効率性を示すROEの引き上げが本来の目標として考えられている。対策2ではこの条件も満たしている。ROEを示す全事業のリターンが、そのほかのケースと比較して最も高い数値を示しているからである。

以上のことから、保険会社によるグローバル化の推進は資本の健全性だけでなく効率性の条件も満たし、株主価値の向上に貢献することがわかる。これにより外国人株主の強い要求に応えることができるのである。

第4節　グローバル化戦略の推進

(1) 最善の経営戦略

保険会社のグローバル化を促す基本的要因として、人口減少を背景にした国内事業の長期的低迷が挙げられる。収入保険料の伸びが期待できない状況のもとでは、抜本的な打開策として海外事業に目を向けざるを得ないであろう。

さらに、外国人株主が増えたことも保険会社のグローバル化を推し進める要因として指摘できる。高配当率や高ROEを求める外国人株主が増えれば、海外事業のウエイトを高めることで、リターンの上昇が期待できる。

確かに海外事業は高いリターンが予想されるが、その反面、リスクも大きい。だが、国内事業との間に生じる相関関係が弱まるようにコントロールできれば、海外事業の個別リスクが変わらなくても、全体のリスクを落とすことができる。

それゆえ、海外事業のウエイトを高めるにしてもどのような国に進出するかを見極めなければならない。もし経営環境がきわめて類似した国に進出すれば、逆に全体のリスクは高まり、経営が不安定な状態に追い込まれてしまう。

国内経済の低迷を経済背景にしながら、保険会社のグローバル化は外国人株主の増大によって加速しているが、その際、最善の経営戦略として国内事業と海外事業のリスクが相互に相殺するような組み合わせが必要となろう。

ERM経営の手法が浸透するにつれて、リターンだけでなくリスクについても十分に意識した経営戦略がますます強まっていくと思われる。これにより保険会社のグローバル化が着実に進んでいくであろう。

(2) 正のスパイラル

保険業界を取り巻く環境の変化として、わが国の人口減少や外国人株主の増大といった実態経済の要因を取り上げたが、そのほかに国際的な保険会計基準や保険監督規制の動きについても十分に認識しておかなければならない。

わが国の保険会社は保険IFRS（国際財務報告基準）やIAIS（保険監督者国際機構）、そしてEUでのソルベンシーⅡの影響を受け、それに備えた体制を整えつつある。

経済価値ベースのERMは、まさにそのための受け入れ体制といえる。時価で評価した資産と負債を求め、その差額に相当する純資産がリスク総量をどれだけ上回っているかが確認できれば、保険会社は将来にわたって健全な経営が持続できることになる。

ERMは、まさに国際的な会計基準や監督規制が目指す理想の姿を実現するための具体的な手法となっている。それゆえ、経済価値ベースによるERM体制は今後もますます強まっていくことが予想される。

一般的にERMの導入は、保険会社の健全性に関連づけながら強調される場合が多い。リスク管理の高度化によって、経営破綻という最悪の事態が回避できるだけでなく、長期で安定した経営も達成できるからである。だが、一方で資本の効率性を高める大切な役割も果たしている。

資本の効率性と健全性は相反するものではなく、相互に補い合う性格を持っている。効率性が高ければ利益の一部が内部留保として残るため健全性も高くなり、そのことはさらに効率性を高めていく。

保険会社のグローバル化は、まさに正のスパイラルを描くための原動力となっている。もし国内事業に留まったままでいれば、効率性も健全性も悪化し、負のスパイラルを引き起こす恐れがある。そうした事態を防ぐためにも、ERM体制下のグローバル化は今日の保険業界が進むべき正しい姿と思われる。

付録 11（A） 保険会社の ERM 経営モデルの方程式

	名前	単位	定義
□	内部留保	JPY	0
□	資本金	JPY	100
⇒○⇒	全体の利益	JPY/period	資本金/TIMESTEP＊全事業の収益率
⇒○⇒	繰入金	JPY/period	内部留保/TIMESTEP＊繰入率
⇒○⇒	配当金	JPY/period	内部留保/TIMESTEP＊配当率
○	全事業の収益率	%	NORMAL（全事業のリターン、全事業のリスク、0.6）
○	全事業のリスク	%	（国内事業のリスク^2＊国内事業の割合^2＋海外事業のリスク^2＊(1－国内事業の割合)^2＋2＊相関係数＊国内事業のリスク＊海外事業のリスク＊国内事業の割合＊(1－国内事業の割合))$^{(1/2)}$
○	全事業のリターン	%	国内事業のリターン＊国内事業の割合＋海外事業のリターン＊(1－国内事業の割合)
○	期待収益率	%	全事業のリターン
○	株価	JPY/period	配当金/期待収益率
◆	国内事業のリスク	%	4
◆	国内事業のリターン	%	4
◆	国内事業の割合	%	80
◆	海外事業のリスク	%	8
◆	海外事業のリターン	%	8
◆	相関係数		0.3
◆	繰入率	%	10
◆	配当率	%	30

（注）システムダイナミクス・ソフト Powersim Studio による方程式を示す。

おわりに

本書を執筆するにあたって、保険会社の活動を示す基本的な用語の表記方法に戸惑ってしまった。それは売上高に相当する「収入保険料」という用語である。生保ならば「保険料収入」と呼ぶのに対して、損保では「収入保険料」と呼んでいるからである。

どちらも意味的にはまったく同じである。それにもかかわらず、生損保業界では別々の呼び方をしている。そこで、保険関係者が読む際に気になる表現かもしれないが、分析を進めるうえでの単なる都合から収入保険料として呼び名を統一している。

だが、生損保業界でわざわざ別の表記を採用するのはそれなりの根拠があるからだと思う。保障業務を営むうえで同じ仕事をしているといっても、生損保はもともと性格の違った業種のように感じる。実際、本書でも触れたように組織形態や資産運用などで異なった特徴が挙げられる。

主要生保は依然として相互会社形態が目立つが、損保はすべての会社が株式会社形態である。生保は相互扶助の精神から相互会社形態を採用する傾向が強いが、損保はリスクを請け負う投資家の立場から株式会社形態を採用するように見える。こうした相違はおそらく歴史的経緯が影響しているのだろう。

また、生保が長期の視点から資産を運用するのに対して、損保は流動性を重視することから短期で運用している。しかも資産運用のアプローチだけでなく、資金量も異なっている。生保のほうが損保よりも圧倒的に大きい。これらはすべて保険商品の性格から決定づけられている。

こうして見ていくと、正確な分析を試みようとすれば生保と損保に分けたほうが良いように思える。それを保険会社として一括りにしているのは、どちらも同じ厳しい経済環境に立たされているからである。

わが国では少子高齢化が確実に進行し、保険市場が縮小傾向にある。このことは生保も損保も同じ境遇にある。その結果、保険市場がまるで飽和状態に陥ったかのように、収入保険料はどちらも伸び悩んだ状態が続いている。

抜本的打開策はやはりグローバル化であり、かつてのように国内業務に専念するのではなく海外業務にも目を向けていかなければならない。いうまでもなく、主要保険会社はすでにそうした方向に動いているが、この傾向はさらに強まっていくものと思われる。

その一方で、国内市場を無視するわけにはいかない。国内業務をおろそかにして海外業務の発展はあり得ないであろう。それゆえ、絶えず国内市場の動きにも注意しなければならない。

例えば、今日の販売チャネルの変化は注目に値する。乗合代理店の急成長は、日本の保険市場に拡大の余地が残されていることを暗示しているようにも見える。国内市場は決して飽和状態に達したのではなく、創意工夫次第ではまだまだ伸びる可能性のある市場なのであろう。

そのことを匂わせる動きとして、生保の話に限定されるかもしれないが、外資系生保の活躍が挙げられる。既存の生保を買収することで規模を拡大する外資系生保が目立つ。また買収戦略だけでなく独自の商品の開発、そして販売チャネルの開拓から伸びていくところもある。

これらの外資系生保は日本の生保が気づかない領域を探り出し、積極的に攻撃を仕掛けているのである。いまでは業界ランキングで上位に食い込むまでに至っている。まさに外資系生保にとってわが国の生保市場は魅力的に映るのである。

本書では日本の保険会社が国内市場の行き詰まりからグローバル化を進めざるを得ないことを強調している。その結論を導き出すために保険市場で話題になっているテーマにも触れてきた。

だが、国内市場を無視するわけにはいかない。日本経済の成長にも期待しなければならないが、保険会社の経営努力から保険商品の開発、そして販売チャネルの開拓を進めれば、拡大の余地がまだまだ残されていると思われる。このことを最後に指摘しておきたい。

参考文献

【邦文】

・植村信保（2012）「保険会社のERMと監督当局の関係」『保険学雑誌』第617号、pp. 85-92
・ERM経営研究会（2014）『保険ERM経営の理論と実践』金融財政事情研究会
・江澤雅彦（2014）「保険募集規制の展望─『WG報告書』をめぐって─」『早稲田商学』第439号、pp. 1009-1028
・大城裕二（2012）「保険事業とERM──ERM展開の経緯と保険事業の立場──」『保険学雑誌』第617号、pp. 37-51
・緊急災害対策本部（2014）『平成23年（2011年）東北地方太平洋沖地震（東日本大震災）について』（政府官邸）
・金融審議会・保険商品・サービスの提供等の在り方に関するワーキング・グループ（2013）「新しい保険商品・サービス及び募集ルールの在り方について」pp. 1-27
・慶應義塾保険学会（2014）「グローバル化時代と保険業の将来」『保険研究』第56集、pp. 315-362
・小林雅史（2014）「保険募集ルールの整備─多業態と平仄を合わせた保険業法の改正─」『保険・年金フォーカス』（ニッセイ基礎研究所）、pp. 1-4
・小藤康夫（2001）『日本の銀行行動』八千代出版
・小藤康夫（2014）『生保金融の長期分析』八千代出版
・小幡績（2004）「伝統的ファイナンス理論からの決別」『フィナンシャル・レビュー』（財務省財務総合政策研究所）第70号、pp. 50-62
・スイス再保険会社（2013）「2012年の世界の保険：景気回復への紆余曲折の道のり」『SIGMA（シグマ）』第3号
・杉野文俊（2012）「ERMの多様性と保険会社のERM」『保険学雑誌』第617号、pp. 53-72
・隅修三（2011）「新しい時代の損保経営」『保険学雑誌』第613号、pp. 1-9
・生命保険協会（2013）「東日本大震災に係る保険金の支払件数・金額について（平成25年3月末時点）」生命保険協会ホームページ
・高尾厚・山崎尚志（2011）「東日本大震災による損保株への影響」神戸大学ディスカッションペーパー、第29号、pp. 1-16
・舘龍一郎・浜田宏一（1972）『現代経済学（6）金融』岩波書店
・東京海上ホールディングス（2013）「リスクベース経営（ERM）の進化を通じた持続的な成長」『アニュアルレポート（2013年版）』、pp. 26-33
・東京海上グループ（2013）『2013年度事業計画の進捗状況』

・日本地震再保険会社（2010）「地震と再保険の仕組み」『日本地震再保険の現状 2010年版』、pp. 12-23
・日本損害保険協会（2012）「東日本大震災に対する損害保険業界の対応」『損害保険研究』第74巻第1号、pp. 211-261
・日本保険学会（2012）「グローバリゼーションと保険会社の海外進出　パネルディスカッション」『保険学雑誌』第616号、pp. 71-90
・野村秀明（2012）「損害保険会社の海外事業展開」『保険学雑誌』第616号、pp. 5-22
・長谷川俊明（2012）「保険会社のERMとガバナンス」『保険学雑誌』第617号、pp. 73-83
・林裕子（2013）「ニューヨーク州の手数料開示規制の状況」『生命保険経営』第81巻第6号、pp. 105-123
・平賀富一（2013年）「生命保険企業の国際事業展開に関する研究」『横浜国際社会科学研究』第17巻6号、pp. 13-37
・保険毎日新聞社編集委員会（2012）『保険業界の闘い――東日本大震災特集――』保険毎日新聞社
・保険毎日新聞・特別企画（2013）「出席メンバーが議論を総括　保険商品・サービスWGを振り返る」『保険毎日新聞』（9月3日付・9月17日付・9月24日付・9月26日付）
・松尾繁（2013）「損害保険会社における巨大リスクの引受け」『保険学雑誌』第620号、pp. 97-116
・水島一也（1961）「保険業における保険資本の性格」『保険学雑誌』第103巻4号、pp. 40-58
・山中宏（1961）「損保会社と生保会社の投資比較」『生命保険経営』第29巻1号、pp. 12-19

【資料】
・生命保険協会、日本損害保険協会「保険年鑑」（各年度版）大蔵財務協会
・生命保険文化センター「ファクトブック　生命保険」（各年度版）
・生命保険協会「生命保険の動向」（各年度版）
・生命保険協会「生命保険事業概況」（各年度版）
・内閣府「統計表（国民経済計算）」
・日本損害保険協会「ファクトブック　日本の損害保険」（各年度版）
・日本損害保険協会「業務・財務等に関する資料」（各年度版）
東京海上ホールディングス『アニュアルレポート』（毎年度版）
NKSJホールディングス『NKSJホールディングスの現状』（毎年度版）
MS&ADホールディングス『MS&ADホールディングスの現状』（毎年度版）

【英文】

- Ai, J., P. L. Brocket, W. W. Cooper and L. L. Golden (2012), "Enterprise Risk Management through Strategic Allocation of Capital", *Journal of Risk and Insurance*, 79(1), pp. 29-56
- Aiuppa, T. A., R. J. Carney, and T. M. Krueger (1993), "An Examination of Insurance Stock Prices following the 1989 Loma Prieta Earthquake", *Journal of Insurance Issues and Practices*, 16(1), pp. 1-14.
- Aiuppa, T. A., and T. M. Krueger (1995), "Insurance Stock Prices following the 1994 Los Angeles Earthquake", *Journal of Insurance Issues*, 18(1), pp. 1-13
- Bae, S. C. (1990), "Interest Rate Changes and Common Stock Returns of Financial Institutions: Revisited", *Journal of Financial Research*, 13(1), pp. 71-79
- Baker, M., and J. Wurgler (2000), "The equity share in new issues and aggregate stock returns", *Journal of Finance*, 55(5), pp. 2219-2257
- Baker, M., J. Stein, and J. Wurgler (2003), "When Does the Market Matter? Stock Prices and the Investment of Equity-Dependent Firms", *Quarterly Journal of Economics*, 118(3), pp. 969-1005
- Baker, M., and J. Wurgler (2002), "Market Timing and Capital Structure", *Journal of Finance*, 57(1), pp. 1-32
- Baker, M., and J. Wurgler (2004a), "A Catering Theory of Dividends", *Journal of Finance*, 59(3), pp. 1125-1165
- Baker, M., and J. Wurgler (2004b), "Appearing and Disappearing Dividends: The Link to Catering Incentives", *Journal of Financial Economics*, Vol. 73(2), pp. 271-288
- Bollerslev, T. (1986), "Generalized Autoregressive Conditional Heteroskedasticity", *Journal of Econometrics*, 31(3), pp. 307-32
- Brewer, E., J. M. Carson, E. Elyasiani, I. Mansur, and W. L. Scott (2007), "Interest Rate Risk and Equity Values of Life Insurance Companies: A GARCH-M Model", *Journal of Risk & Insurance*, 74(2), pp. 401-432
- Buchanan, L. (2004), "Breakthrough Ideas for 2004", *Harvard Business Review*, 2, pp. 13-16
- Carson, J. M., E. Elyasiani, and I. Mansur (2008), "Market Risk, Interest Rate Risk, and Interdependencies in Insurer Stock Returns: A System-GARCH Model", *Journal of Risk & Insurance*, 75(4), pp. 873-891
- Chen, X., H. Doerpinghaus, B. X. Lin, and T. Yu (2008), "Catastrophic Losses and Insurer Profitability: Evidence from 9/11", *Journal of Risk and Insurance*, 75(1), pp. 39-62
- Commins, J. D., and C. M. Lewis (2003), "Catastrophic Events, Parameter Un-

certainty and Breakdown of Implicit Long-Term Contracting: The Case of Terrorism Insurance", *Journal of Risk and Uncertainty*, 26(2/3), pp. 153-178
- Committee of Sponsoring Organizations (COSO) (2004), "Enterprise Risk Management-Integrated Framework: Executive Summary", *COSO*, New York
- Engle, R. F. (1986), "Autoregressive Conditional Heteroskedasticity with Estimates of the Variance of United Kingdom Inflation", *Econometrica*, 50(4), pp. 987-1007
- Ewing, T. B., S. E. Hein and J. B. Kruse (2005), "Insurer Stock Price Responses to Hurricane Floyd: An Event Study Analysis using Storm Characteristics", The Center for Natural Hazard Research https://www.aeaweb.org/assa/2006/0108_1300_0402.pdf
- Ghosh, C. and J. I. Hilliard (2012), "The Value of Contingent Commissions in The Property-Casuality Insurance Industry: Evidence from Stock Market Returns", *Journal of Risk and Insurance*, 79(1), pp. 165-191
- Glushkov, D., and K. Salavei (2012), "Importance of Catering Incentives for Growth Dynamics", *Journal of Behavioral Finance*, 13(4), pp. 259-280
- Lamb, R. P. (1995), "An Exposure-Based Analysis of Property-Liability Insurer Stock Values around Hurricane Andrew", *Journal of Risk and Insurance*, 62 (1), pp. 111-123
- Lamb, R. P. (1998), "An Examination of Market Efficiency around Hurricanes", *Financial Review*, 33(1), pp. 163-172
- Lamb, R. P., and W. F. Kennedy (1997), "Insurer Stock Prices and Market Efficiency around the Los Angeles Earthquake", *Journal of Insurance Issues*, 20 (1), pp. 10-24
- Li, W., and E. Lie (2006), Dividend Changes and Catering Incentives, *Journal of Financial Economics*, 80(2), pp. 293-308
- Ma, Y. L., and Y. Ren (2012), "Do Publicly Traded Property-Casualty Insurers Cater to the Stock Market?", *Journal of Risk and Insurance*, 79(2), pp. 415-430
- Markowitz, H., (1952), "Portfolio Selection", *Journal of Finance*, 7(1), pp. 77-91
- Marlett, D., J. Griffith, C. Pacini, and R. Hoyt (2003), "Terrorism Insurance Coverage: The Market Impact on Insurers and other Exposed Industries", *Journal of Insurance Regulation*, 22(2), pp. 41-62
- Santomero, A. M., and D. F. Babbel (1997), "Financial Risk Management by Insurers: An Analysis of the Process", *Journal of Risk and Insurance*, 64(2), pp. 231-270
- Scott, W. L., and R. L. Peterson (1986), "Interest Rate Risk and Equity Values

of Hedged and Unhedged Financial Intermediaries", *Journal of Financial Research*, 9, pp. 325-329
・Shelor, R. M., D. C. Anderson, and M. L. Cross (1992), "Gaining from Loss: Property-Liability Insurer Stock Value in the Aftermath of the 1989 California Earthquake", *Journal of Risk and Insurance*, 59(3), pp. 476-488
・Staking, K. B. and D. F. Babbel (1995), "The Relation Between Capital Structure, Interest Rate Sensitivity, and Market Value in the Property-Liability Insurance Industry", *Journal of Risk and Insurance*, 62(4), pp. 690-718
・SWISS RE (2013), *World insurance in 2012: Progressing on the long and winding road to recovery*, SIGMA, 2013(3)
・Wang, Y. and R. Corbett (2008), "Market Efficiency: Evidence from Market Reactions of Insurance Industry Stocks to the September 11, 2001 Event", *Journal of Insurance Issues*, 31(2), pp. 152-167
・Yamori, N., and T. Kobayashi (2002), "Do Japanese Insurers Benefit from a Catastrophic Event? Market Reactions to the 1995 Hanshin-Awaji Earthquake", *Journal of Japanese and International Economics*, 16(1), pp. 92-108
・Yanase, N. and Y. Yasuda (2010), "The Impact of the September 11 Terrorist Attack on the Global Insurance Markets: Evidence from the Japanese Property-Casualty Insurance Industry", *Journal of Insurance Issues*, 33(1), pp. 85-107

索　引

ア　行

カ　行

サ　行

タ　行

ナ 行

ハ 行

マ 行

ラ 行

著者紹介

小藤康夫（こふじ・やすお）

1953年10月　東京に生まれる。
1981年3月　一橋大学大学院商学研究科博士課程修了
現　　　在　専修大学商学部教授　商学博士（一橋大学）

主な著書
『マクロ経済と財政金融政策』白桃書房、1989年
『生命保険の発展と金融』白桃書房、1991年
『生保金融と配当政策』白桃書房、1997年
『生保の財務力と危機対応制度』白桃書房、1999年
『生命保険が危ない』世界書院、2000年
『日本の銀行行動』八千代出版、2001年
『生保危機の本質』東洋経済新報社、2001年
『生保危機を超えて』白桃書房、2003年
『金融行政の大転換』八千代出版、2005年
『金融コングロマリット化と地域金融機関』八千代出版、2006年
『中小企業金融の新展開』税務経理協会、2009年
『大学経営の本質と財務分析』八千代出版、2009年
『決算から見た生保業界の変貌』税務経理協会、2009年
『世界経済危機下の資産運用行動』税務経理協会、2011年
『米国に学ぶ私立大学の経営システムと資産運用』八千代出版、2013年
『生保金融の長期分析』八千代出版、2014年

日本の保険市場

2016年3月25日　第1版1刷発行

著者—小藤康夫
発行者—森口恵美子
印刷所—新灯印刷㈱
製本所—渡邉製本㈱
発行所—八千代出版株式会社

〒101-0061 東京都千代田区三崎町2-2-13
TEL　03-3262-0420
FAX　03-3237-0723
振替　00190-4-168060

＊定価はカバーに表示してあります。
＊落丁・乱丁本はお取替えいたします。

ISBN978-4-8429-1669-9